be HYPE

Connectez-vous sur www.editionsdelamartiniere.fr

Isabelle Oziol de Pignol

be HYPE

LA MODE EN RÉSEAUX

Éditions
de La Martinière

BUSINESS

P.O.S.H.
ANIMAL
SPA &
GROOMER
LONDON

MODE
/67

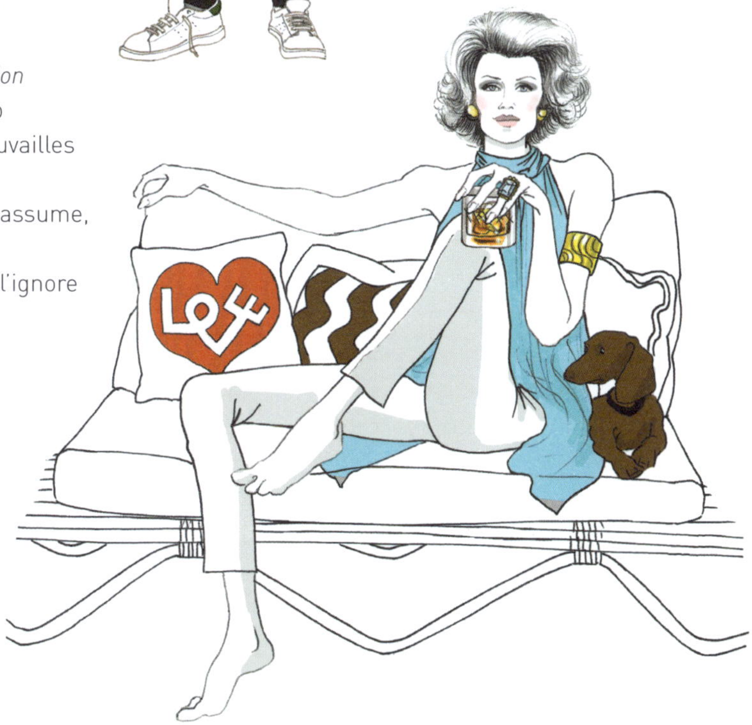

PHYSIQUES
/121

STYLES DE VIE
/165

Références/220

Ce livre est dédié au World Wide Web qui a magnifié les faiseurs de rêve, les intrépides, les gens qui s'aiment, les gens qui aiment.

Préambule

Je suis arrivée sur le web tardivement, en 2008. La presse avait déjà fait l'éloge des blogs de mode. Beaucoup de webzines spécialisés avaient éclos et l'internaute avait pris ses habitudes. Je l'avoue, pour une styliste de mode qui se targuait alors d'être « pointue », je n'étais pas dans la bande des précurseurs. Il faut dire qu'en 2001, lassée de produire et produire, fatiguée de la frénésie des villes et de ne pas voir mes enfants grandir, j'avais mis en sommeil mon métier de styliste. Nous étions partis habiter un bord de mer loin de Paris pour une « vraie » vie, un retour à la simplicité, les cheveux dans le vent... C'est dans ce contexte que j'ai raté la révolution Internet.

Il n'aura échappé à personne que le magistère de la mode a longtemps été bicéphale. Nous avions, d'une part, des couturiers, ou créateurs, précurseurs et mondains, et, d'autre part, des rédactrices de mode aux goûts sûrs et à l'œil visionnaire ; toute une industrie découlait de ces puissantes instances. Quelques courants de mode venus de la rue ou du rock chahutaient ponctuellement cet ensemble. Aujourd'hui, ces chahuteurs viennent du net. Dans ce nouveau monde et mode d'expression, la photo numérique, les crises économiques et environnementales, l'essor des réseaux sociaux et, surtout, la disposition narcissique de chacun ont multiplié les protagonistes.

En 2008 donc, quand une amie me suggéra d'ouvrir un blog de mode, je découvris la blogosphère, son enthousiasme dopant et sa créativité salvatrice. C'est de ce blog que sont issus les portraits fictifs de cet ouvrage, mais, surtout, c'est de l'observation de cette fourmilière, des réseaux sociaux, des sites marchands et des sites de partages qu'est né ce panorama des personnages qui sont à la mode ou qui comptent désormais dans la mode. Tour à tour esthètes, consuméristes, puristes du style, éco-responsables, narcissiques ou cabotins, saupoudrés de snobisme, attendrissants, ils figurent notre époque. Méfiez-vous, vous êtes peut-être l'un d'eux.

Avertissements

Pures coïncidences : les personnages dessinés (hormis Marisa Berenson p. 176) et les histoires racontées dans cet ouvrage, bien que inspirés par des faits réels, sont fictifs. Toute ressemblance avec des personnes existant ou ayant existé serait une pure coïncidence. Coïncidence au fond pas si étonnante car rien ne ressemble plus à une personne à la mode qu'une autre personne à la mode.

Anglicismes : ce livre est bourré d'anglicismes. N'y voyez pas là un « genre littéraire ». Les vêtements étant fabriqués à l'étranger, la langue parlée dans les usines est l'anglais. Les magazines les plus pointus sont édités en anglais. Les termes et les expressions ne sont donc même plus traduits dans les langues respectives des amateurs désormais. La mode a une langue, et jusqu'à nouvel ordre, c'est l'anglais.

Réseaux

Blogger

Myspace

Tumblr

Dailymotion

Periscope

Twitter

Facebook

Pinterest

Vimeo

Flickr

Presse

Weibo («Twitter» chinois)

Huaban («Pinterest» chinois)

Qzone («Facebook» chinois)

WordPress

Instagram

Radio

Youku («YouTube» chinois)

Magazines de mode

Télévision

YouTube

BUSI

NESS

Le Chef – Le Boulanger star – Le Cafetier cool – La Cuisinière blogueuse – La Bio-aventurière malgré elle – La Bio-aventurière assumée – L'Animal star – Le Dandy youtubeur – Le Tutoriel beauté – Le Businessman de l'éthique – L'Entrepreneur du trekking smart – Le Tourisme érudit – Le Marché de l'authentique – Maître et apprenti – Les Tabliers – L'Hôtelier philanthrope – L'Agent immobilier ciblé

Le **Chef**

#bistrotfrançaistypique #genuinefrenchrestaurant

Zones de notoriété

Est-ce un truisme de dire que tout chef de restaurant issu de la tendance fooding *est une célébrité potentielle s'il s'en donne la peine ? L'exemple, c'est Lucien, qui pose, bras croisés et conquérant, pour le supplément d'un hebdomadaire français.*

Lucien a cofondé son restaurant avec Gilles, son ami d'enfance, fraîchement sorti de HEC, école française dont la devise est, rappelons-le, « Apprendre à oser ». Leur concept : un bistrot à tendance locavore avec menu unique, chaises Thonet écaillées et coutellerie Berthier. Le menu du jour, imprimé sur une vieille ronéotypeuse, sent l'alcool en début de service. La cuisine se veut sincère, préparée avec conviction et sans hâblerie.

Aidée par un réseau d'amis qui affectionnent les clichés d'assiettes sur Instagram, leur entreprise est vite devenue une adresse courue. Mais c'est le goût de Lucien pour sa propre mise en scène ainsi qu'un physique et un vestiaire à la mode qui a emporté le morceau auprès des médias. On l'a même vu dans un reportage déco d'un blog américain célèbre, nonchalamment allongé sur son canapé défoncé en velours côtelé, et tenant son chat dans les bras.

Total : une fanpage Facebook du restaurant largement suivie, avec en guest star le minois du chef seul ou en *selfie* avec les clients.

LUCIEN

Le **BOULANGER** *star*

#frenchbakery #organicbakery

Zones de notoriété

Dagobert, originaire de Pleumeur Bodou, a su imposer sa boulangerie bio «French Bakery» comme une adresse incontournable du Meatpacking District à New York.

On ne sait si c'est son pain au kamut ou son physique avenant qui lui a valu les honneurs de *Vanity Fair*, *Esquire* et *Time Out*. Qu'importe, avec ses poses de fier-à-bras, ses vestes utilitaires portées avec chien et ses pains croustillants, il est incontestablement un atout majeur pour le renouveau des métiers de bouche.

QUALITY ORGANIC BREAD
FRENCH BAKERY
DAGOBERT

Le **Cafetier** *cool*

#magazineshop #trendymagazines

Zones de notoriété

Tadeusz est un grand habitué des réseaux sociaux. Aussi, lorsqu'il a ouvert son café spécialisé, c'est tout naturellement que la page Facebook de l'établissement, un compte Instagram avenant et un compte Twitter bavard ont fédéré un public « copain » et averti.

L'estaminet de Tadeusz vit résolument avec son temps. Bien placé à Varsovie, le SMDC propose à une clientèle de *yuccies** un « endroit cool où boire son café et acheter des magazines qui déchirent ».

Les magazines en question sont pointus dans leurs domaines respectifs, indépendants et publiés en anglais pour une seule diffusion internationale. On les nomme, dans les milieux concernés, « magazines de niche », ou bien « hard to find magazines ». Ce type de magazine s'est multiplié au cours des années 1990, et il est devenu au fil du temps un produit *hype* comme une marque de vêtements courue. Véritables concentrés de chic et laboratoire d'idées, ils ont attiré un public fervent et ont lancé toute une génération de stylistes, de photographes et de directeurs artistiques. Les ancêtres notoires des années 1980 (*The Face*, *i-D*...) sont désormais des institutions, ainsi que ceux « qui ont fait les années 1990 » : *Dazed & Confused*, *Wallpaper*, *Numero*, *Self Service*...

***Yuccies* : acronyme de Young Urban Creative. Dernier surnom en date pour désigner un groupe sociologique, sous-groupe de la mouvance *hipster*.**

TADEUSZ

En général, le staff éditorial est composé d'une bande de copains photographes et stylistes, ou d'un studio de graphistes, dont le but initial était de montrer leur travail *via* le magazine. Comme ces publications étaient épuisées le plus souvent dès leur sortie et introuvables ailleurs que dans les grandes capitales, Tadeusz a senti le potentiel de cette frustration et a décidé de surfer sur ce marché. Avec une décoration soignée et lumineuse, un vaste choix de cafés qu'un Italien applaudirait et une wifi performante, le SMDC ne désemplit pas.

Une sélection DE MAGAZINES PAR TADEUSZ

Waxpoetics - USA
musique

Garage - GB
mode/culture

Inventory - Canada
mode/*lifestyle*/
savoir-faire

Delayed Gratification - GB
«slow» journalisme/
opinion

Little White Lies - GB
cinéma/culture

The Outpost - Liban
culture/*lifestyle*

Fricote - France
fooding/culture

Not Today - Taiwan
mode/culture

Watad - Dubaï
architecture/design

Popeye - Japon
mode

032c - Allemagne
culture/design/art/mode

Wad - France
mode/culture/street

Kinfolk - USA
lifestyle

Love - GB
mode

Monocle - GB
business/culture/
design

System - GB
mode/opinion

Paper Sky -
Japon
voyage

The Gentlewoman - GB
mode/*lifestyle*/opinion

Caffeine - GB
culture café

Another Escape - GB
culture
de l'*outdoor*

Brownbook - Dubaï
culture/musique/voyage

Paper - USA
mode/pop culture/
nightlife/musique

Apartamento - Espagne
décoration/design

Self Service - France
mode

SOPHIE

La **Cuisinière** *blogueuse*

#tropicalfood #poshcolonialstyle

Zones de notoriété

Sophie, 32 ans, ancien mannequin, mère de trois enfants et femme au foyer, est devenue, par le biais de son blog de cuisine, une femme d'affaires avisée et beaucoup plus célèbre et plus photographiée qu'elle ne l'était pendant la période où elle était mannequin.

Vivant à Nassau, aux Bahamas, elle décida un jour de mettre des recettes de cuisine « tropicale » sur le net. Grâce à un positionnement marketing astucieux, ce qui n'était au départ qu'un blog de recettes devint un site *lifestyle* raffiné. Les vidéos/tutoriels de Sophie en cuisine et les photos « inspirantes » de toute la famille, du chien et de l'élégante maison coloniale furent partagées, commentées et jalousées.

Car une belle fille sur le net à qui, semble-t-il, tout réussit s'attire hélas, presque inévitablement, quolibets et commentaires narquois. Cette cuisinière blogueuse incarne en effet un mythe récurrent, celui de la femme-mère parfaite qui, selon l'humeur de l'internaute, agace ou fascine. Le sujet provoque des débats passionnants sur les sites et magazines féminins.

Une grande maison d'édition contacta Sophie. Le livre publié fit le tour du monde en cinq langues. Mais la consécration suprême fut un papier qu'un magazine d'opinion américain, à l'humour caustique, lui consacra sous le titre « Posh fooding ».

La BIO-AVENTURIÈRE *malgré elle*

#cueilleusebio

Zones de notoriété

Non, Charlotte n'est pas une festivalière revenant d'un Rock en Seine. Elle est cueilleuse pour un laboratoire pharmaceutique spécialisé en phytothérapie. Privilégiant une vie saine hors de la ville, elle a de fait opté, après son master 2 en BioVIGPA, pour une pauvreté assumée.*

Ses journées : parcourir les landes bretonnes à la recherche de graminées et plantes diverses. Ses loisirs : entretenir son potager et retaper sa maisonnette avec son fiancé, garde forestier. Leurs concessions : un ordinateur portable, un abonnement Orange/EDF et un Kangoo d'occase. Pas de téléphone portable, pas de machine à laver, pas de télé, pas de détergents...

Ses vêtements : de la seconde main qui ne doit pas excéder 10 euros pièce. Un jean Carrefour gris, une chemise Kiabi en polyester/coton, une vieille marinière, un vieux sweatshirt découpé, rapiécé, tagué, souvenir de son périple étudiant aux États-Unis. Seul luxe : des bottes neuves, une paire de solaires *Wayfarer* de Ray Ban et un bon sécateur, cadeaux de ses parents. Son sac de cueillette a été réalisé par un copain cordonnier avec de la toile militaire de récupération et des vieilles ceintures.

***Rock en Seine : festival de rock qui a lieu dans le parc de Saint-Cloud, près de Paris, à la fin de chaque mois d'août depuis 2003. C'est lors de ce festival, en 2009, qu'à la suite d'une grosse dispute en coulisses le groupe Oasis s'est définitivement séparé.**

C'est un reportage TV qui l'a fait connaître du grand public. Diffusé à l'origine sur une chaîne de moyenne écoute, il fut abondamment partagé sur Facebook et visionné sur YouTube et Dailymotion. Malgré l'angle de vue militant du cinéaste, la plastique et le style de cette jolie fille n'ont échappé à personne, et surtout pas à quelques rédactrices de mode toujours promptes à voir du potentiel *fashion* aux endroits les plus inattendus. Charlotte serait donc étonnée de figurer dans un livre consacré à la mode, tant elle se sent loin de ce milieu qu'elle méprise. Et pourtant, son style de vie gagnant la faveur, voire la ferveur, d'un nombre croissant de jeunes flirte bel et bien avec l'air du temps.

CHARLOTTE

La BIO-AVENTURIÈRE *assumée*

#milanfashionweek #agriturismoedesign #hipsteritaliano

Zones de notoriété

Cette jeune femme qui pose dans un type d'intérieur comme sorti de pages de magazines de décoration n'est pas une personnalité en villégiature à la campagne. Non, cette jeune femme est une agricultrice. D'une nouvelle génération d'agriculteurs.

Diplômée d'une prestigieuse école de design, Antonella était destinée à habiter pendant toute sa carrière dans une grande ville cosmopolite. Une remise en question de la qualité de l'environnement et de la qualité de notre alimentation l'a incitée à aller vivre ailleurs. Là où les tomates poussent dans de la vraie terre. À la différence des mouvances post-hippies, cependant, il n'était pas question pour elle d'un repli sur soi ni d'un rejet de la société matérialiste. Son retour aux fondamentaux fait partie d'un *business plan* bien huilé où un certain art de vivre est procuré par des produits cuisinés à partir de son potager. L'autoroute qui facilite l'accès à partir de Milan est la pierre angulaire du projet.

On peut la voir, au détour d'une recherche sur Google, photographiée dans son intérieur, dont on ne sait si on doit le qualifier de ferme ou de maison d'architecte. Cette photo habilement distillée sur quelques magazines de *lifestyle* et de blogs de mode en vue a fortement contribué à placer la ferme d'Antonella parmi les endroits courus d'une faune à la mode, et Antonella elle-même comme une femme dont il faut suivre le style.

Résultat : elle fait carton plein pendant les *fashion weeks* de Milan. Une foule élégante s'y rend et, vous l'aurez deviné, plutôt amatrice de lin froissé que de sac bling-bling.

Les bottes Original *Hunter : bottes en caoutchouc faussement rurales d'une marque britannique traditionnelle qui, après un repositionnement de stratégie/ marketing, est devenue chic et snob.*

ANTONELLA

La déco DE LA BIO-AVENTURIÈRE **ASSUMÉE**

1 *Lit deux places servant de canapé dans la grande tradition du style « bohème chic ».*

2 *Foisonnement de plantes vertes diverses. On reconnaîtra le philodendron, plante culte des intérieurs modernistes américains. Mise au purgatoire dans les années 1980, elle connaît un spectaculaire retour grâce à l'engouement pour le mobilier 1960, ainsi qu'une série télé aux décors* vintage. *Sont également les bienvenus dans ce bouillonnement végétal « la plante de mamie suspendue dans un macramé » et une multitude de pots de mise en bouture.*

3 *Deux fauteuils AA dessinés par deux designers argentins, Jorge Ferrari Hardoy et Juan Kurchan, associés à un designer catalan, Antonio Bonnet.*

4 *Banc de George Nelson : designer américain (1908-1986) dont le mobilier est considéré comme emblématique du style « Mid Century » du XXe siècle. Revenus à la mode grâce à des rééditions de qualité, ses luminaires comme son banc, consacrés icônes du modernisme international, ornent désormais les chalets d'Aspen tout comme les appartements édouardiens du centre de Londres.*

5 *Série de dames-jeannes, un classique de la déco rustique branchée. Mais contrairement aux années 1970 où la dame-jeanne ne servait que de pied de lampe, elle est maintenant mise à l'honneur comme élément décoratif majeur sous la forme d'une accumulation d'au moins trois bouteilles.*

6 **7** *Série de sièges à trépied de différentes hauteurs, de styles et de provenances divers qui rythment l'espace du living. Le tabouret rustique est un des piliers du style décoratif « minimal rustique et un tantinet design ».*

1

4

5

2
3
6
7

L'**Animal** *star*

#pethairstyle #chienchic #poshpet

Zones de notoriété

Chin-Sun est toiletteuse pour chiens. Elle est considérée comme une artiste par ses clients, des célébrités du monde du spectacle et de la finance. Car Chin-Sun a créé un salon de toilettage pour chiens dans un quartier huppé de Londres.

Son sens créatif et la virtuosité de ses ciseaux lui ont valu bien vite une solide réputation. Sans compter que son salon propose également un spa pour chiens stressés ainsi que des aliments pour animaux allergiques au gluten.

L'identité visuelle raffinée du salon et l'uniforme des soigneuses (d'un genre hybride : un kimono CDG* en percale de coton égyptien noir qui se serait télescopé avec une robe DVF*) ravissent les clients pourtant rompus à ce type d'établissement. Mais ce sont surtout les propositions étonnantes des coupes, tontes et accessoires pour chiens qui provoquent l'engouement.

Habilement conçu pour satisfaire tous les éléments de sa clientèle, son catalogue foisonne de coupes inspirées par des célébrités. Ici, tel brushing connu d'une icône gay, là, telle coiffure célèbre d'un écrivain charismatique. Le secteur des *blockbusters*, idéal pour une clientèle avec enfants, est largement pourvu.

L'ouverture d'un espace yoga est prévue au printemps prochain.

***CDG : initiales de la marque japonaise Comme des Garçons.**

***DVF : initiales de la marque américaine Diane von Fürstenberg célèbre pour ses robes portefeuilles.**

CHIN-SUN

Extrait DU CATALOGUE DE COUPES ET TONTES

Professeur Rogue

Guns N'Roses

Gwyneth Paltrow

Françoise Sagan

Gloria von Thurn und Taxis

Beckham

Gandalf Le Blanc

Diana Ross

Le *Dandy* YOUTUBEUR

#tutorielbarbe #edwardiandandy

Zones de notoriété

Osbert, 24 ans, un strategic planner *londonien, constata un jour que le marché masculin du « tuto-beauté-vidéo », en abondance sur le net, manquait cruellement de style. Ou plutôt de* son *style.*

Fort d'un goût prononcé pour le tweed viril des vestes Holland & Holland et pour les bonnes manières à l'heure du thé, il décida de pourvoir le net de tutoriels de style à l'usage d'un parfait gentleman.

Le voici, drapé dans son peignoir, montrant comment tailler sa barbe. Le décor est plutôt neutre afin de concentrer l'attention : un carrelage blanc (remplaçant un papier peint Colefax and Fowler initialement prévu), qui évoque à la fois les salles de bains et les buanderies des hôtels édouardiens. Les tenues d'Osbert varient peu : un peignoir de Brown London pour les tutos beauté, et un blazer en Donegal pour les tutos dressing « do it like a butler ».

Il va sans dire que le succès a été immédiat. Le tuto barbe ayant été visionné des dizaines de milliers de fois.

Avec les revenus d'une régie pub et divers partenariats et affiliations, Osbert triple son salaire. Mais le moment le plus fort en émotion de cette aventure reste le jour où il a été mentionné dans *Esquire UK* et *Espagne*.

YouTube
BEARD OIL
1oz mini flask
USAGE
PROSPECTOR CO
Beard's cut and Romanov Style Tutorial
TradiDandy
To Subscribe 15643
28 405 478

Tracey Byrne

EASY
Eyeliner look

TRACEY

Le **Tutoriel** *beauté*

#tutoeyeliner

Zones de notoriété

Tracey, 24 ans, ambitionne de devenir une Lisa Eldridge et a lancé sa chaîne YouTube de tutos de maquillage ainsi qu'un blog du même nom.

Son fiancé, un graphiste, *geek* à ses heures perdues, lui a créé une identité visuelle élégante. Avec un vestiaire étudié et un regard à la Alexa Chung, Tracey a vu son trafic augmenter de jour en jour jusqu'à devenir, en moins de trois ans, une « vlogueuse » influente.

De partenariat en partenariat divers, c'est au final une chaîne de détaillants de cosmétiques qui l'a embauchée comme *make-up designer* et tête de proue pour un montant… Non communiqué.

Le **Businessman** *de l'éthique*

#pandanus #mangrove #tropicaldesign
#oceanindienecosysteme #indianoceanecosystem
#savemyplanetbutkeepmystyle

Zones de notoriété

Ne croyez pas que cet homme élégant pose pour* GQ *à la rubrique «Mariage: dégainez le bon look». Il pose pour un webzine pointu à l'occasion d'un reportage montrant des «entrepreneurs éthiques». Adil, 52 ans, est un homme d'affaires qui s'est illustré dans un business en hausse: celui de la mode éthique.

Adil était un adolescent plein de rêves, contemplatif et observateur de la végétation d'une île où il a grandi, en plein océan Indien. Après des études d'agronomie et d'ethnobotanique en Europe, il décida à la fin des années 1980 de retourner chez lui. Quelques années de militantisme auprès de Greenpeace et sa proximité géographique avec les mangroves menacées firent de lui le chantre local de la préservation des zones côtières. C'est ainsi qu'il commença à s'intéresser au pandanus, une des plantes les plus utiles du Pacifique et de l'océan Indien. Ses feuilles sont utilisées en vannerie traditionnelle, mais c'est surtout son enracinement qui attira son attention, parce qu'il protège les sols de l'érosion. Adil commença petit à petit à sensibiliser les gens, les collectivités et gouvernements locaux pour sa sauvegarde et son essor, et développa un *business plan* florissant à partir des trois principes suivants:

- sauvegarde et reconstitution forestière d'un végétal indigène qui préservera le littoral;
- maintien et création d'emplois de vannerie et de stylisme, avec des salaires décents;
- réflexions autour du stylisme des productions écologiques et des productions locales à vocation

ADIL

touristique au profit d'un nouveau produit rustique certes, mais plus en phase avec « l'air du temps » et vendu dans le monde entier.

Outre son discours sincèrement altruiste et moralement enthousiasmant, ce sont les atouts qu'il avait dans sa manche qui firent la différence : un goût pour le style, doublé d'une grande culture de l'art et un réseau d'amis influents dans le monde de la mode et de la décoration.

Des parutions dans la presse de ses produits, une présence affirmée sur le web grâce à un physique et un look bien au-dessus de la moyenne des écologistes de base ont fait le reste. Et voilà notre homme établi.

Ainsi troussée, l'entreprise a gagné du terrain et s'étend sur des kilomètres de rivages, de Madagascar aux îles Mascareignes.

Les produits **ÉTHIQUES** D'ADIL

1

Plusieurs tailles d'abat-jours peuvent être réalisées sur mesure pour les décorateurs et ensembliers. Vus dans un *lodge* tanzanien.

2

Tapis traditionnels reconvertis en tapis tendance. Épinglés sur Pinterest dans les tableaux *dream home*.

3

Panneaux de revêtement mural destinés à la rénovation de l'architecture vernaculaire de l'océan Indien et de l'océan Pacifique. Ont été vus également dans les cabines d'essayage d'une boutique chic de Saint-Barth.

4

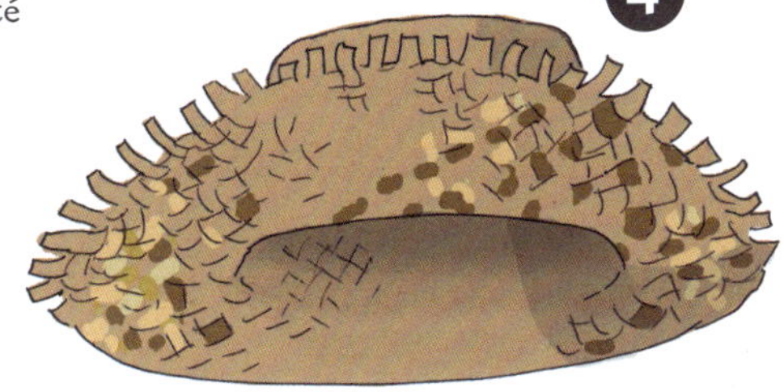

Collection de chapeaux divers pour homme, femme et enfants. Vendus également à Saint-Tropez, à Ibiza et sur l'île Moustique.

5

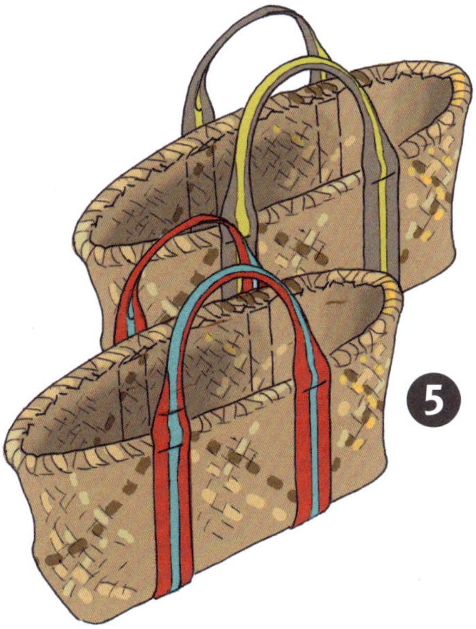

Paniers traditionnels relookés en paniers de plage *gypset*.

6

Vannerie diverse pour la maison. Produits remarqués dans *Vogue Living Australie* et *Elle Décoration France*.

L'*Entrepreneur* DU TREKKING SMART

#inspiringadventure #outdoor #creativeculture

Zones de notoriété

Hiroshi est un fier représentant de la « nouvelle génération outdoor » et de la « creative culture ». En clair, il assouvit son goût pour les grands espaces et la vie en plein air en gagnant sa vie grâce à un « business de sac à dos ».

Loin de vouloir proposer dans un marché saturé une énième marque de sacs de randonnée, les sacs de Hiroshi ont pris clairement leur place sur le marché porteur du *new outdoor*. Sur la forme, ce sont des sacs multifonctions adaptés au trekking comme à la ville, avec différentes options tels le « porte-skate », le « porte-batterie solaire », et sur lesquels Hiroshi ajoute une touche de design et de mode. Sur le fond, ces sacs sont fabriqués exclusivement par une microstructure de six employés convaincus de ne pas faire partie du monde impitoyable de la production de masse.

Pour les vendre, Hiroshi paie de sa personne et se « poste » sur les réseaux sociaux. On le voit en milieu forestier en train d'allumer du feu, le sac négligemment posé à côté de lui, ou bien assis dans un kayak... Il n'hésite pas à enfoncer le clou, à la manière *hipster*, en montrant des photos du sac posé dans un sous-bois avec une hache, un Thermos en inox et un mug en métal émaillé. Les photos sont belles, avec une identité visuelle du logo et du site web qui pourrait être qualifiée de remarquable par les ténors des métiers de la mode.

HIROSHI

Le *Staff* DU TREKKING SMART

#creativeculture

Zones de notoriété

Lors d'un reportage pour un magazine de mode masculine intitulé « New Hike, New Smart », Hiroshi pose devant les machines à coudre, avec son équipe qui coupe et assemble les pièces de nylon dans une grande salle faisant office à la fois de bureau, d'usine et de remise à vélos et à skates. Comme les sacs, l'équipe en question (hyper-lookée) est « multitâche ». On y est tour à tour patronnier, piqueur, designer, webmaster, communiquant, commercial… Le tout dans une ambiance cool mais créative : on y boit du café toute la journée en écoutant de la musique à tue-tête.

Le **Tourisme** *érudit*

#citypointofview #architectorialpointofview #anothertravel

Zones de notoriété

François, jeune Parisien à la recherche d'une idée de business, s'est rappelé combien les voyages avec ses parents dans la formule tour-opérateur de masse avaient été éprouvants.

Cela lui a suggéré l'idée de créer à Paris une agence de circuits touristiques d'un genre nouveau : « le tourisme érudit ». En clair, il offre à une clientèle aux goûts précis un circuit sur mesure, fort d'une flotte de cinq Renault 4L transformées en cabriolets.

Son circuit le plus populaire est « l'architour » : un périple dans et hors de Paris avec arrêts à chaque bâtiment de Mallet-Stevens, d'Hector Guimard, des frères Perret, et même sur certaines friches industrielles périphériques jugées « intéressantes ». La villa Savoye à Poissy, compte tenu de l'éloignement, est en option. Autre circuit populaire : « le French Style Tour », avec arrêts chez Astier de Villatte, Colette, The Broken Arm, FrenchTrotters et autres adresses confidentielles dont François a le secret, ainsi qu'un large choix de bistrots *frenchies* où boire un bourgogne aligoté sur une nappe en vichy.

Devant le succès de son entreprise, François ambitionne d'étendre le concept avec un « Napoléon Tour ». Au programme : la Malmaison, les Invalides et, en bonus, sur R-V, une visite chez un collectionneur privé.

RESTAURANT
BAR A VINS
anotherpointofview.com
book now +33 14518337

FRANÇOIS

Quelques INDISPENSABLES DU TOURISME ÉRUDIT

Il s'agit là, bien entendu, d'une érudition relative fortement disposée à faire du shopping, à fréquenter des endroits cools et à visiter des monuments historiques mais confidentiels.

1

Les guides Vuitton et Wallpaper sont deux musts, adoubés par les autorités de la mode et du style.

2

La palme du stakhanovisme du tourisme/shopping confidentiel revient à la presse japonaise qui sait mieux que personne établir des guides « spécial New York » ou « spécial Londres »... Elle déniche ainsi telle dernière boutique *vintage* spécialisée en époque disco ou telle petite boutique de vêtements d'enfants fournisseur officiel d'uniformes de scouts.

1

NOTHING HILL
Wallpaper*
CITY GUIDE
LONDON
PHAIDON
LONDON
VUITTON
GUIDE

2

UNIFORM SHOP
OPEN
disco
Featuring
VINTAGE
Fashion
118
WELCOME

FIONA

Le *Marché* DE L'AUTHENTIQUE

#genuinemapuche

Zones de notoriété

Fiona pose fièrement dans son magasin, un concept store *qui vend des produits traditionnels de son pays, le Chili. Elle peut en effet être fière. Elle possède 400 mètres carrés dans un bâtiment ancien bien situé dans le quartier Bellas Artes de Santiago. Belle hauteur de plafonds, boiseries… : le décor est fidèle à l'image que l'on se fait des grands magasins du XIXe siècle.*

Portée par le courant « retour aux fondamentaux », Fiona s'est dit un jour qu'elle aussi pourrait valoriser les productions et le savoir-faire de son pays. Son modèle est bien évidemment Catarina Portas, la fondatrice de A Vida Portuguesa.

Sa sélection des produits se fait d'après un seul critère : ils doivent être fabriqués au Chili. Poteries de Pomaire, cuillères en bois traditionnelles, parfaites pour « twister » une cuisine en inox, textiles mapuches, ponchos en alpaga qu'on croirait sortis d'un reportage mode de *Vogue*… Des bijoux barocco-ethniques en lapis-lazuli, de la vannerie de designer inspirés de dessins araucaniens… Ici, point de bimbeloterie kitsch pour tourisme de masse. Point de porte-clés, de magnets ni de mugs. Le bois, la laine de vigogne, la terre cuite des Andes sont les seuls invités. La presse internationale s'en fait l'écho avec enthousiasme.

On y croise une clientèle variée, du touriste en bermuda, tongs et t-shirt à motif rigolo au couple gay à petit chien dans les bras. Mais les grands gagnants sont les locaux, familles bobos, jeunes « créatifs » ou expatriés à fort pouvoir d'achat qui trouvent *in situ* la résonance d'un goût international pour le produit authentique et « beau ».

Maître et **APPRENTI**

#masterandapprentice #apprentissage #compagnonnage

Zones de notoriété

Otto et Hans posent pour un magazine britannique influent. La légende contiguë à la photo sonne comme un CV.

Otto, le maître, né à Brême en 1958 – puis une série de dates jalonnent son parcours –, et Hans, né à Hambourg en 1991, entré comme apprenti en ébénisterie chez Otto en 2011.

Destinées à mettre en lumière le savoir-faire d'une profession, les photos ont claqué comme un coup de tonnerre stylistique et ont glamourisé le tandem maître et apprenti, relégué aux oubliettes depuis les années 1930 dans des pays où le savoir-faire a été endommagé par l'industrialisation massive et les délocalisations.

Impact glamour de la photo : 8/10.

OTTO & HANS

Les **Tabliers**

Conséquence de la mode pour l'authentique, la tradition et l'héritage, le port du tablier est de mise. Soupir d'aise des stylistes qui en apprécient l'équation «fonction + beauté».

❶ Le tablier de la Maison Plisson à Paris. Attaches de cuir et bleu de travail, le tablier d'atelier est désormais un classique des établissements qui surfent sur le concept de l'authentique.

❷+❸ Les tabliers japonais. Au Japon, le port du tablier est classique en magasin. Dans les années 1990 cela a provoqué l'admiration des stylistes occidentaux qui ont absolument voulu en acheter. Les plus recherchés étaient ceux de Muji (3), vendus en Europe depuis, et ceux de Tokyu Hands (2), grand magasin spécialisé en bricolage et loisirs créatifs. Il y a même eu des demandes pour les tabliers à volants des hôtesses de l'air d'All Nippon Airways.

❹ Le tablier Stanley & Sons. L'exemple-type de la renaissance d'une marque. Cette vieille maison new-yorkaise produisait des tabliers d'ateliers et avait fermé. Réouverte en 2008 par les descendants, la production à l'identique des anciens modèles a repris.

❶

2

3

4

BARTHOLOMEUS

*** Studio Dimore : agence d'architecture intérieure des designers Salci et Moran, basée à Milan. Leur style, un télescopage de différents courants du XXe siècle, est appliqué aux boutiques ou intérieurs les plus en vue et figure dans *Architectural Digest*, *Elle Decor*, *Vogue Living*….

****Commune : studio de design californien également très prisé. Privilégiant le style moderniste américain, l'esprit « Santa Fe » et le style « Palm Spring », il a contribué à la décoration des hôtels les plus créatifs (Ace Hotels, The Standard New York). Ses travaux figurent également dans les beaux magazines de décoration.

L'*Hôtelier* PHILANTHROPE

#trendyhotels #chicbutcheapvacations #hipsterlookdeco

Zones de notoriété

Bartholomeus, 45 ans, est un businessman cultivé et esthète dont les activités professionnelles s'inspirent de « l'air du temps ».

Ainsi, depuis le début des années 2000, il crée des entreprises diverses en suivant trois critères : offrir du rêve et un certain luxe à des prix accessibles ; travailler avec sa bande de potes ; être éthiquement et écologiquement responsable.

Surfant sur la vague du tourisme *low cost* mais culturellement enrichissant, il a décidé à l'instar d'Alex Calderwood, le fondateur de la chaîne des Ace Hotels*, d'offrir un hébergement stylé à une clientèle pointue mais fauchée. Originaire d'Amsterdam tout comme ses associés, il a fixé son choix sur un bâtiment de la fin du XIXe siècle, longtemps inhabité, avec de beaux restes architecturaux et non loin du Red Light District. S'inspirant des Ace Hotels pour le concept, de Château Marmont**, Studio Dimore*** et Commune**** pour la décoration, l'établissement a connu un succès immédiat sur Facebook et Instagram grâce à un cortège de photos de clients frémissants d'enthousiasme.

***Ace Hotels : chaîne d'hôtels créée en 1999 à Seattle. Le concept – chic branché pas cher – eut un fort retentissement mondial et est largement copié depuis.**

****Château Marmont : hôtel californien mythique construit en 1920. Fréquenté par les acteurs de Hollywood, il est connu pour avoir été le théâtre de nombreuses frasques. Sa décoration, composée initialement « de bric et de broc », est devenue un style reconnu et envié.**

THE GREENHOTEL AMSTERDAM

1

1 et **7** *Deux des (très) nombreux logos réalisés par un duo de créatifs hollandais dans le plus pur style «International Hipster». Destinés à guider les clients dans cet établissement en manque de personnel, ils abondent sur les paliers et dans les couloirs. «On n'a jamais trop de logos», ont affirmé les créatifs au patron dubitatif.*

2 *Carrelage en ciment fraîchement posé et judicieusement vieilli comme s'il avait toujours été là.*

3 *Ampoules à filaments à foison.*

4 *Véritables lits de dortoir de colonies de vacances rénovés.*

5 *Couvertures à la manière des camps militaires, frappées du logo de l'hôtel.*

6 *Kilomètre de livres trouvés en brocante et choisis en raison de leurs couvertures «graphiquement intéressantes».*

8 *Dans le* Lounge Bar, *réédition de tabourets recouverts de Kvadrat dans la charte colorimétrique de l'hôtel. Une des rares pièces de mobilier neuves.*

9 *Dans le* lobby, *fauteuils années 1950 trouvés à bon prix sur eBay.*

10 *Verres IKEA afin de se sentir comme à la maison.*

11 *Lot de lampes de chevet (années 1960) de style «rustique provincial français» encore boudé par les antiquaires. Posées çà et là dans les bibliothèques et les recoins du* lobby.

12 *Machine à écrire* vintage. *Elle est au style* hipster *ce que fut la pendule en bronze et marbre au style Napoléon III.*

7

8

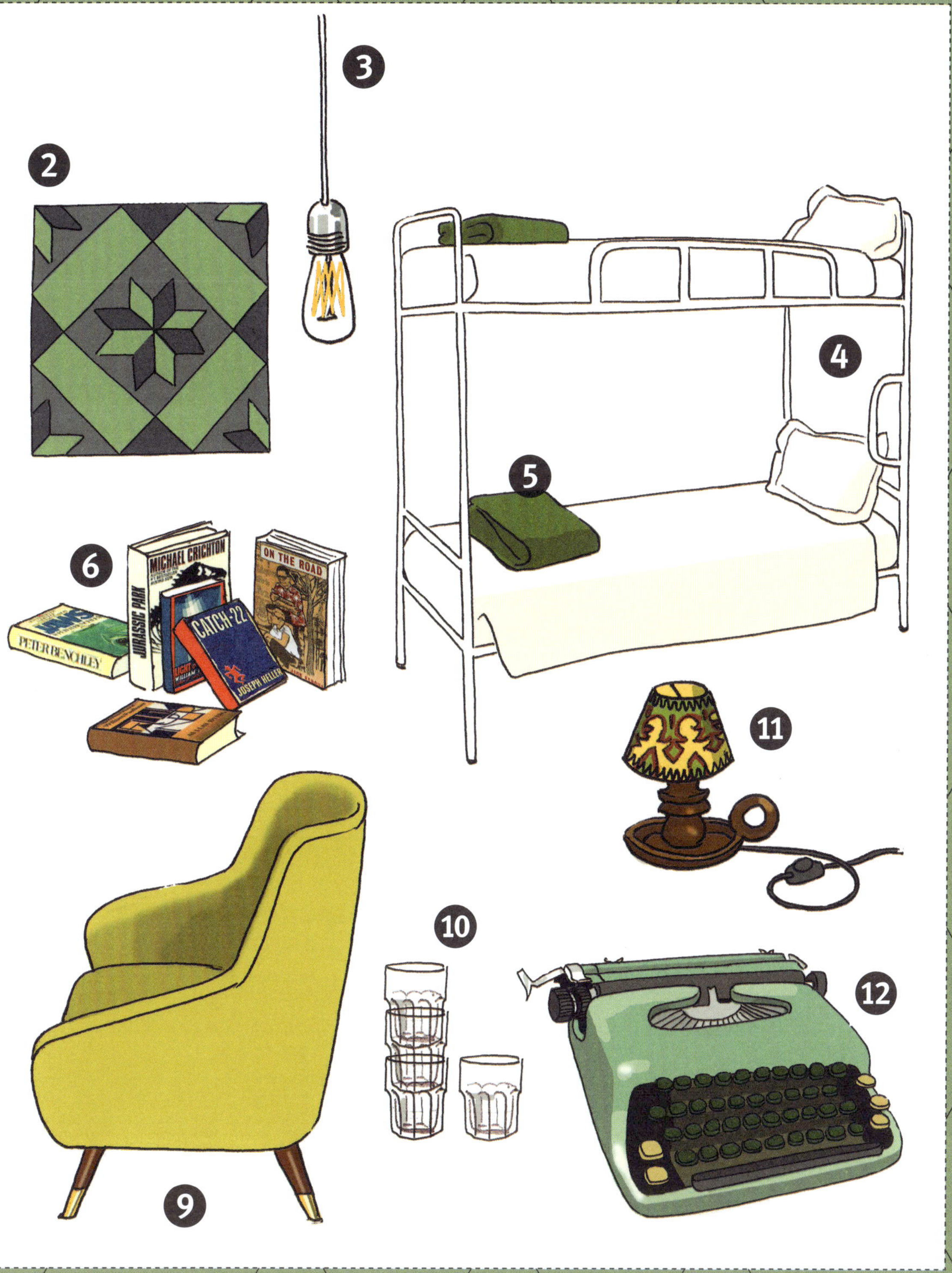
3
2
4
5
6
MICHAEL CRICHTON
JURASSIC PARK
ON THE ROAD
CATCH-22
JOSEPH HELLER
PETER BENCHLEY
11
10
12
9

TIAGO

L'*Agent* **IMMOBILIER** ciblé

#dreamhome

Zones de notoriété

Il existe une clientèle en immobilier dont les goûts suivent le baromètre des publications des magazines de déco.

Tiago a 42 ans, dont douze années passées dans l'immobilier. Il a décidé un jour de créer une agence qui ne vendrait que des biens rénovés par ses soins dans un style décoratif précis afin de toucher une clientèle ciblée et internationale. Avec une escouade d'architectes, de décorateurs, de stylistes et de photographes, il a mis en place un système de *home staging* dont le résultat, sur son site, est à la hauteur de ses espérances commerciales.

Signe des temps, le site trouva très vite son public internaute fan de photos « d'inspiration déco ». Un style décoratif largement plébiscité sur le net que les amateurs de tapisseries surchargées et de vaisselle ébréchée considèrent comme « chic mais aseptisé ».

Le site DE L'AGENCE IMMOBILIÈRE DE TIAGO

Sur le site, tout est pensé, rien n'est laissé au hasard. Les photographies des intérieurs alternent vues d'ensemble et gros plans sur des détails dignes d'un *Elle Décoration*.

LE STYLISTE N'OUBLIE RIEN : LE MOBILIER ICONIQUE DU XXe SIÈCLE ❶, LA BOUTEILLE DE SAVON AESOP DANS LA SALLE DE BAINS, UN MUG FUMANT DE THÉ POSÉ NÉGLIGEMMENT SUR UNE PEAU DE BÊTE, SANS OUBLIER LES AZULEJOS PAVANT UNE CUISINE EN INOX ET MARBRE.

SES « PRODUITS » SONT DANS LE MÊME REGISTRE : UN LOFT À LISBONNE AVEC VUE SUR LE TAGE ❷ (VENDU EN DEUX JOURS). UN CABANON DE PLAGE AU DÉCOR « SURF ANNÉES 1960 » ❸ QUI PROVOQUA DES COMMENTAIRES ENTHOUSIASTES SUR LES RÉSEAUX SOCIAUX. NOTEZ LE LOGO *SEEN ON* ❹ QUI GRATIFIE LES NOMBREUX BLOGS OU WEBZINES MENTIONNANT L'AGENCE.

Tiago songe depuis à exporter son concept en Nouvelle-Zélande où, associé à un promoteur immobilier audacieux, il proposerait un concept de maisons écologiques enfouies dans le sol. Une maison de Hobbit dans les gandes lignes, mais avec sièges de Carl Jacobs et lampadaire *Panthella* de Verner Panton.

stylinghome
www.stylinghome.pt
PORTUGESE
ENGLISH
DANSK
FRANÇAIS
STYLING HOME
THE NEXT REAL ESTATE
HOME LISBOA PORTO SINTRA CASCAIS ALGARVE OUR AGENCY REFERENCES
2
1
SEEN ON SLEEKHOUSE.UK
4
SEE MORE
PENTHOUSE
Bedrooms 3 Bathrooms 4
850.000 €
3
SEE MORE
PAÇO DE ARCOS
BEACH HOUSE
ROOMS 2 BATH 1
150.000€

MO

DE

La Blogueuse « Girl Next Door » – La Blogueuse de mode de luxe – Sac renversé, femme dévoilée – La Maman blogueuse – Les Instagrameuses mode – La Blogueuse *fashion arty* – L'Entrepreneuse stylée – La Rédac de mode – Le *Sneaker addict* – Le *Sneaker* culte – Le Rappeur *arty* – La Galeriste minimaliste – La Galeriste tellement *fashion* – La *Vintage addict* – Le *Vintage addict* – La fille habitée par le style – La fille qui se la pète et qui assume – La fille qui se la pète et qui l'ignore – La Diva Rn'B

La BLOGUEUSE « *Girl Next Door* »

#fashionblogger

Zones de notoriété

Observez attentivement Sylvia. Cette jeune femme de 21 ans, que son allure vestimentaire ne distingue pas des autres filles de son âge, cartonne sur le net grâce à un blog mode-shopping et un compte Instagram.

Portée par un fort enthousiasme pour le shopping, Sylvia retransmet minutieusement ses parcours shopping, dans sa ville ou lors de ses voyages, ses émois chez H&M et Zara, et publie quasi quotidiennement sa « tenue du jour ».

Ne prenez pas l'aventure à la légère. Le blog-de-mode-de-la-fille-lambda a été et reste encore l'un des épisodes les plus inattendus et les plus rafraîchissants de l'histoire de la mode : cette fille aux mensurations normales, à la beauté normale, portant des vêtements normaux à des prix normaux est le miroir valorisant de ses lectrices.

Dès 2007, la rumeur enfla dans les rédactions des magazines de mode. Le lectorat avait « un goût pour l'ordinaire ». Il fallait désormais faire avec.

Ce fut cependant une aubaine pour les marques de vêtements débutantes ou snobées par la presse et un énorme apport d'oxygène dans un marché en crise. Car la blogueuse, bonne fille, acceptait de bon cœur de poser avec les vêtements offerts. Les plus finaudes demandèrent rapidement à être payées en plus des vêtements.

Sac à la saillie du coude, main dans la poche, pieds en dedans : posture clé de la blogueuse mode que l'on peut encore observer sporadiquement sur le net aujourd'hui.

SYLVIA

La **Blogueuse** *de mode* de luxe

#blogueusemode #fashionblogger #sacchanel

Zones de notoriété

C'est une longue succession de clichés la représentant que Liza montre sur son blog et son compte Instagram. Certains jugent le procédé d'un narcissisme éprouvant, d'autres (la plupart) trouvent quasi quotidiennement chez elle des idées de looks et surtout un style de vie inspirant.

Liza montre en fait peu de choses d'elle. Elle habite un appartement cossu, semble-t-il, dont l'internaute ne voit que le vestibule et la chambre à coucher (les endroits où se trouve un miroir). Parfois l'ascenseur fait office de décor. Sa ville n'est pas indiquée ou si elle l'est, la plupart du lectorat l'ignore et s'en moque. Seuls comptent les looks.

Rien de surprenant chez ceux-ci cependant. Liza suit une mode planétaire dans un registre cool/sexy dont la pierre angulaire est le choix du sac. Lundi, sac Chanel (+ jean troué et t-shirt *loose**). Mardi, sac Hermès (+ solaires Dior dont le stock mondial a été épuisé en deux semaines). Mercredi, sac Céline (+ option veste sur les épaules)... Etc.

Les esprits caustiques se régaleront de la mise en scène invariable chez les blogueuses : les photos en contre-plongée évitant le visage lors des *bad hair days*, et l'indescriptible monceau de vêtements posés sur le lit derrière, révélant le combat auquel s'est livrée Liza pour choisir la tenue du jour. Mais les esprits bienveillants se régaleront de cette fille qui en fait leur ressemble.

*** *Loose* ou *lose* : les premières internautes des blogs de mode se trouvèrent bien désemparées en découvrant cette mystérieuse appellation. Un t-shirt *loose* est un t-shirt qui n'est ni moulant ni *oversize*.**

LIZA

Combinaison pantalon d'une jeune marque « partenaire »

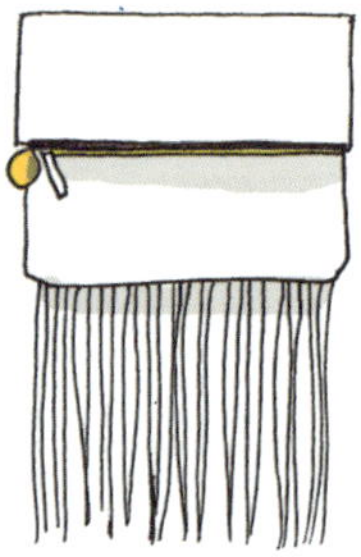

Pochette *Fringe Flat Clutch* de Clare V.

Pochette Ipad

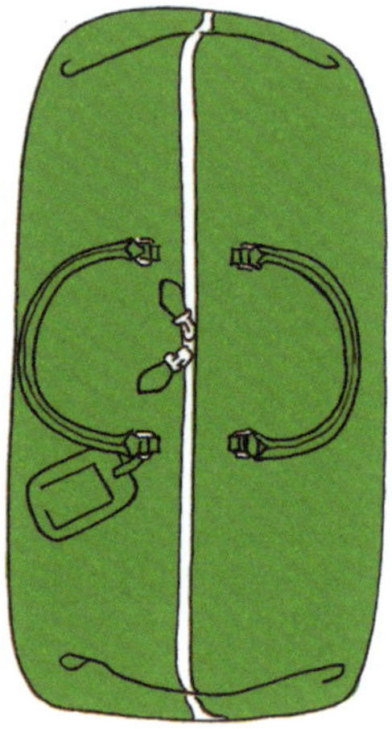

Sac de voyage Prada

Sandales *Bikini* de K. Jacques

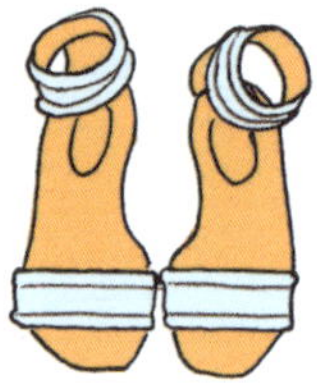

Marque « partenaire »

J. Crew

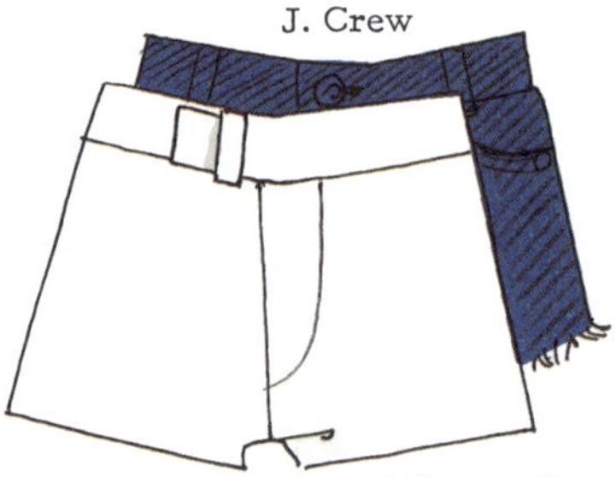

Michael Kors

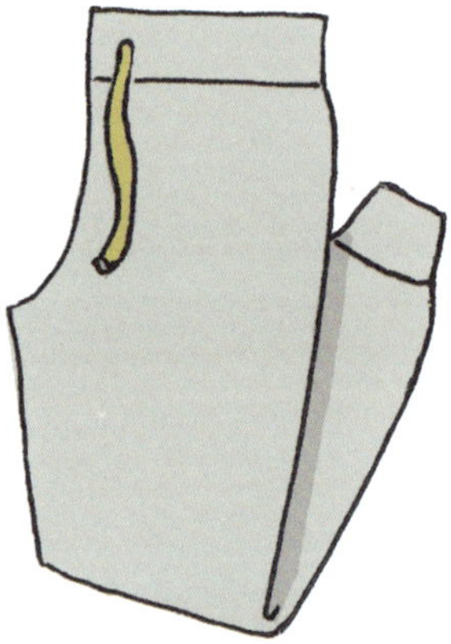

J. Crew

Sweatshirt *Sunny* de IOP x Damart

Pochette « geek »

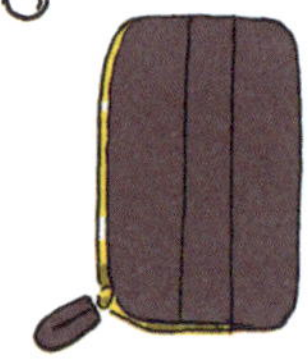

Pochette « maquillage »

Modèle *Saint-Louis* de la maison Goyard

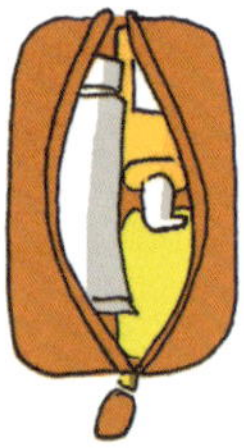

Pochette « beauté »

Pochette « lingerie »

Chemise en jean J. Crew et chemise bleue d'une marque « partenaire »

Sac renversé, FEMME DÉVOILÉE*

#getthelook #jaividemonsacpourvous

Zones de notoriété

Un genre photographique remarquable est en vue sur le web : le contenu d'un sac ou d'une valise soigneusement aligné et disposé de façon attrayante.

Celui de notre blogueuse de mode de luxe montre, la veille d'un départ en week-end, « ses essentiels », comme le font les magazines de mode.

Le nombre de sacs est aussi important que celui de l'équipement technologique. Le nombre de pochettes qui renferment les produits cosmétiques et autre « bazar » ne l'est pas moins. Et aussi le fait que parmi les produits montrés se trouve au moins une marque « partenaire ».

* *Formule issue de* Vogue Paris circa *1986.*

La **Maman** *blogueuse*

#blogdemaman

Zones de notoriété

Autre variante de la blogueuse de mode, le « blog de maman » fédère beaucoup plus d'internautes, toute une communauté de femmes preneuses de bons plans et d'adresses sympas. Il n'est pas exclu qu'au fil du temps, poussé par un lectorat enthousiaste, le blog de maman devienne une vitrine pour celles qui possèdent des talents de peintre, de styliste, de décoratrice…

Mary est une jeune femme de son époque, employée administrative à mi-temps et mère de trois enfants. Elle adore la cuisine, la couture, la déco, organiser des goûters d'anniversaire joyeux et stylés et peindre au pochoir sur des mugs.

Il n'en fallait pas plus pour qu'elle rejoigne le flot continu des mères de famille qui ont un « blog de maman ». La voici montrant à son lectorat comment faire une coiffure stylée à sa fille en deux minutes chrono.

Les magazines de mode et les marques n'ont pas repéré de suite la maman blogueuse. Sa préférence pour une production personnelle plutôt qu'une option « shopping-conso » la rendait discrète auprès des moteurs de recherche. Mais dès que le lièvre fut découvert, la maman blogueuse se vit courtisée par un nombre de sociétés très important, de la marque de vêtements pour femme et enfant jusqu'au cortège d'enseignes de puériculture.

Maman blogueuse ? Une affaire qui roule.

MARY & ISADORA

Les **INSTAGRAMEUSES** *mode*

#ootd #dogfie

Zones de notoriété

Fait de société : jeunes femmes aimant la mode en train d'« instagramer » leurs tenues.

Aurélie à gauche avec ses chihuahuas à poil long Pumps et Boots, et Mel à droite. Elles se photographient comme il se doit, en contre-plongée, et partagent le cliché sur Instagram en mentionnant le célèbre « #ootd* ». Et en précisant ceci : « #tabithasimmons #celine » (les marques de leurs chaussures).

Ce rituel quasi quotidien, qui peut sembler obscur à beaucoup, est un classique du comportement sur les réseaux sociaux dévoués à la mode vestimentaire.

Instagram, né après les blogs, est en quelque sorte leur suite logique. Plus rapide, toujours à portée de main – il est opérationnel depuis n'importe quel Smartphone ou tablette –, il est devenu depuis un fidèle compagnon pour les blogueuses, mais aussi pour les marques qui peuvent ainsi présenter l'univers de leur entreprise de manière plus rapide et plus vivante.

Mais revenons à nos deux instagrameuses. Elles, elles se montrent pour le *fun* et aiment contempler le nombre grandissant de *followers* et de *like*. D'ailleurs, si d'aventure les deux chiens apparaissent sur leurs photos, elles ajoutent alors les mentions « #dog #dogfie #chihuahua ». Parce que tout le monde sait qu'un animal de compagnie sur les réseaux sociaux, c'est *bankable* en nombre de *like*.

*** ootd : acronyme de « outfit of the day ». « Tenue du jour » montrée par une blogueuse ou une instagrameuse et applaudie par commentaires interposés.**

AURÉLIE & MEL

CLARA

La **Blogueuse** *fashion arty*

#effetcameleon #houseofhackney

Zones de notoriété

Clara est une «jusqu'au-boutiste» du style et, grâce au réseautage social du net, a trouvé un public à qui montrer son travail.

Un jour elle est tombée en émoi devant un rouleau de papier peint à motif feuillu de House of Hackney, dont le style «jardin d'hiver» lui a rappelé le décor fané du hall d'un hôtel de province tenu par ses grands-parents. Apprenant qu'une ligne de vêtements et d'accessoires pour la maison étaient également en vente sur le même site, elle s'est ingéniée à trouver un vêtement à sa taille (on était déjà à la fin de la période des soldes) et acheva ses emplettes avec cet étonnant abat-jour mi-Régence mi-Gloria Swanson *at home*.

Venant d'achever ses études d'art plastique et cherchant un job dans le milieu de la mode de préférence, elle s'est essayée à des «photos/mises en scène», des autoportraits surtout, et n'a reculé devant aucun sacrifice financier pour leur élaboration.

Après avoir tapissé un pan de mur de son studio de 20 mètres carrés, elle a réalisé le cliché intitulé «Camouflage». Vous aurez compris que l'idée c'est de poser, à l'ancienne, sans retouche Photoshop pour les raccords.

Publié à la fois sur ses blogs, sur Facebook et sur Instagram, le cliché a suscité force commentaires avant d'être classé automatiquement sur un mur d'images sous le mot clé Clarahaas-studio. C'est mieux qu'un CV.

L'ENTREPRENEUSE *stylée*

#corporatewomen #poshexecutivewomen #portermagazinewomen

Zones de notoriété

Le Vogue US *est coutumier du fait. Il montre régulièrement une femme chef d'entreprise, belle et conquérante, posant, telle Catherine de Médicis, dans un bureau dont la décoration est éloquente.*

Les divers magazines en ligne et les sites marchands de luxe font désormais de même. Voici Myriam qui a fondé un site de vente de sacs de luxe.

Notez ses vêtements : du Stella McCartney, le dressing des femmes actives et stylées. Le tableau derrière Myriam est son premier achat alors que son entreprise avait commencé à faire des bénéfices. Ne jugeons pas ce type de photos institutionnelles insignifiant. Si l'on devait donner des notes en « niveau d'intensité glamour », on atteindrait ici 9/10. C'est d'ailleurs la photo qu'elle a choisie pour illustrer une interview accordée au site BOF (The Business of Fashion).

MYRIAM

La *Rédac* DE MODE

#redactricedemode #fashioneditor

Zones de notoriété

***Helen travaille au sein d'un important groupe de presse au titre de* fashion editor.**

La voici dans son appartement londonien posant pour The Coveteur, un site « chic et inspirant » qui présente des personnalités de la mode influentes, chez elles, entourées de leurs vêtements, d'accessoires ou d'objets personnels qui ont une histoire.

Helen est la face glamour longtemps « cachée » de l'industrie de la mode. Pendant de nombreuses années, les magazines japonais ont été quasiment les seuls à montrer les rédactrices de mode aux abords des défilés de mode, à leur accorder des interviews et à les faire voir sous un angle *beautiful people*.

Le web drainant moult sites et blogs dévolus à l'apparat, à la mode de la mode et à la désinvolture du chic, la rédactrice de mode a vite été invitée à y apparaître.

Helen, comme ses pairs, affiche un art de vivre semble-t-il *effortless*. On peut la voir arriver en courant aux défilés de mode, carton d'invitation à la main, puis, en sortant, poser pour un *street styler*. Cette fois, grâce à ce site canadien, on en sait un peu plus.

Quelqu'un qui est peu intéressé par le processus de la créativité et le milieu de la mode ne peut imaginer ce qu'une personne telle Helen peut montrer comme informations à des professionnels (*trends-setters*, marques de vêtements...) à travers une seule photo. Allure, choix de tel type de vêtements précis ou d'une marque, et, dans le cas de ce reportage, choix de telle ou telle pièce de mobilier.

Mais c'est la consommatrice qui est la plus grande gagnante. Les photos d'inconnues copiant l'allure de ces rédactrices de mode s'amoncellent sur le net depuis le début du phénomène.

HELEN

Le dressing MIS EN SCÈNE

Les mises en scène particulières du Coveteur (orchestrées par Erin Kleinberg, Jake Rosenberg, Stephanie Mark et leur staff) sont rapidement devenues un style identifiable. Il est question sur ces prises de vues de montrer les goûts et les choix vestimentaires de la personne invitée en sortant les vêtements de son dressing et en les mettant en scène d'une façon inattendue. Ici, une paire de sandales Saint Laurent posée sur une cuisinière Godin, là, un manteau Gucci sur cintre accroché aux rayonnages de la bibliothèque, ailleurs, un sac Chanel disposé avec grâce sur les chenets en bronze doré d'une cheminée. L'intimité dévoilée est relative. Il ne s'agit que d'une intimité « créative ». L'importance de l'objet sélectionné ou des éléments du décor croît suivant le degré de notoriété de l'invité.

1

Cette alliance du vêtement et d'un élément de décor forme un oxymore poétique*. L'idée a inspiré nombre d'étalagistes. On retrouve souvent la pyramide de livres servant de sellette à un soulier (ou *sneaker*) dans les petites boutiques multi-marques tout comme dans les enseignes de *fast fashion*.

2

Ici, Helen accepte de laisser voir, entre autres, sa salle de bains dont les luminaires Dixon deviennent un formidable présentoir à chaussures.

** « Poétique ? De la pub, oui », rétorqueront les esprits pragmatiques.*

1

ALEXA CHUNG it
HERB RITTS
ISSEY MIYAKE BODYWORKS
Tomboy Style
LOUIS VUITTON
JEAN CHARLES BLAIS · LE COUP DE TANGER
TOM FORD

STYLISTS
IAN SCHRAGER
HICKS
NEW YORK
Yves Saint Laurent
CHANEL
DAVID HOCKNEY
GAY MEN DON'T GET FAT
JACQUES GRANGE INTERIORS
commune
TAKE IVY
BEATON
Power of Style
SURF
Paul Smith Notes

2

Le **Sneaker** *addict*

#sneakersaddiction #vintagesneakers #basketscultes

Zones de notoriété

***Philippe, 28 ans, travaille comme graphiste au sein d'un studio peuplé de directeurs artistiques de haute volée et très en vue. Il pose devant sa* shoesothèque, *centre névralgique de son appartement, où est entreposée sa précieuse collection de* sneakers.**

Car Philippe, passionné de design et de technologie, voue un culte aux baskets et aux *runnings*. Il attend la sortie d'une nouvelle semelle ou d'un nouveau chaussant avec la même ferveur qu'un fan d'Apple. Outre les modèles mythiques des marques de sport, il collectionne (à grand frais) les *sneakers* proposés par les designers mode et les grandes maisons de prêt-à-porter de luxe.

Cette particularité lui vaut une certaine « considération » au sein du microcosme si snob de sa boîte. N'ayant à l'origine aucune culture mode, il a rapidement compris qu'une « bonne » paire de baskets pouvait sauver un look. Pour vivre dans une quiétude vestimentaire, il a donc décidé d'utiliser une combinaison aussi basique qu'efficace : un t-shirt *collector* + un jean + des *sneakers collector*.

Aujourd'hui, il porte un t-shirt à l'effigie d'un groupe de rock qui n'a jamais failli en terme d'image et un jean façonné dans du denim *selvedge**. La paire de *sneakers* du jour est une paire de Nike, *Blazer* (un énorme classique créé en 1972) dans sa version haute d'origine avec le *swoosh* bleu *vintage*. Ce qui pour la plupart d'entre vous ne veut rien dire mais qui pour d'autres signifie beaucoup.

***_Denim selvedge_ : Denim tissé sur un métier à tisser ancien. Le tissu obtenu est plus solide, et la lisière du lé, reconnaissable à sa ligne rouge, est visible sur le côté du pantalon lorsque le jean est retroussé.**

Shoesothèque *: bibliothèque détournée en étagère à chaussures et montrée avec déférence aux visiteurs ou dans les blogs de déco.*

PHILIPPE

La Shoesothèque
DE PHILIPPE

Sneakers*: chaussures de sport à l'origine et dont l'usage a été détourné. Les sneakers se portent en ville ou «en soirée pour faire le beau».*

Converse
All Star
Chuck Taylor
1917

Asics
(Onitsuka Tiger)
Mexico 66
1966

Adidas
Gazelle
1968

Adidas
Superstar
1969

Adidas
Stan Smith
1970

Nike
Cortez
1972

Puma
Clyde
1973

Adidas
Nastase
1973

Nike
Pre Montreal
1975

Nike
Air Force 1
1982

New Balance
420
1982

Diadora
Mi Basket
-vintage
effetto-
1984

Nike
Air Jordan 1
1985

Nike
Air Max 1
1987

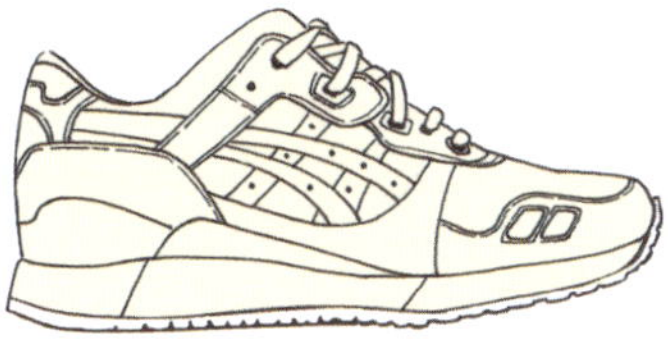

Asics
Gel-Lyte III
1991

Pierre Hardy
Colorama
2008

Nike
Free 5.0
2010

Nike
& Kanye West
Air Yeezy 2
(Red october)
2014
(en rupture
de stock en
11 minutes)

Verginia
Vair
2014

Valentino
Striped
leather
sneakers
2015

RAF SIMONS
X
ADIDAS

Le Sneaker **CULTE**

1

VIEUX OU RÉCENT, LE MODÈLE DOIT AVOIR ÉTÉ CRÉÉ POUR UNE VRAIE RAISON. IL DOIT ÊTRE L'ABOUTISSEMENT DE RECHERCHES, DE RÉFLEXIONS ET D'UNE DÉMARCHE SINCÈRE.

2

SI LE MODÈLE A ÉTÉ PORTÉ AUTREFOIS PAR UNE LÉGENDE DU SPORT, C'EST MIEUX.

3

S'IL A ÉTÉ VU DANS UN (BON) FILM, C'EST ENCORE MIEUX.

L'engouement pour le *sneaker* a contribué à donner des lettres de noblesse aux entreprises de chaussants de sport. Aujourd'hui, chaque maison a l'obligation morale de rééditer son ou ses premiers modèles vieux de cinquante ans sous l'appellation *vintage*, *collector* ou *heritage*.

Les marques de chaussures ou de prêt-à-porter en vue proposent toutes, ou presque, leur version de *sneakers*, parfois en collaboration avec de grandes marques de sport. Certaines – des perfections stylistiques – sont appelées à finir en beauté, sous verre, dans un musée du design.

Le **Rappeur** *arty*

#rappeurmode

Zones de notoriété

Admirez Ben (aka Swanky Tone Jr.), personnalité du show-business qui pose pour Uomo Vogue. *Les rédactrices de mode adorent « travailler » avec lui. Car Ben, en plus de son talent d'auteur compositeur, a un « univers » personnel d'une grande richesse culturelle et artistique.*

Au fil des années et de la montée de sa popularité, il s'est composé un style vestimentaire qui, sans trop s'éloigner d'un style urbain propre au rap, s'est enrichi d'un goût pour les « designers de mode ». Il n'est pas à proprement parler un *fashion addict*, n'assistant quasiment jamais aux défilés. Il préfère adopter une posture de dilettante de la mode. Un style « je-ne-fais-pas-exprès-d'être-à-la-mode-c'est-inné-chez-moi », qui fait mouche à tous les coups.

Sur ce cliché, ce sont ses propres vêtements, et non le choix d'un styliste photo, afin de garder « l'authenticité du reportage ». On reconnaît un blouson de la marque du collectif Vêtements que Ben n'a pas tardé à repérer. Le pantalon et les chaussures sont signés Rick Owens, le sweat provient du Japon, pays dont Ben chérit la culture.

Ben se plaît à porter un vestiaire spectaculaire mais cohérent avec son style musical comme ce blouson surdimensionné et ce pantalon, d'un genre que l'on pourrait dénommer « motard viril de science-fiction ».

BEN

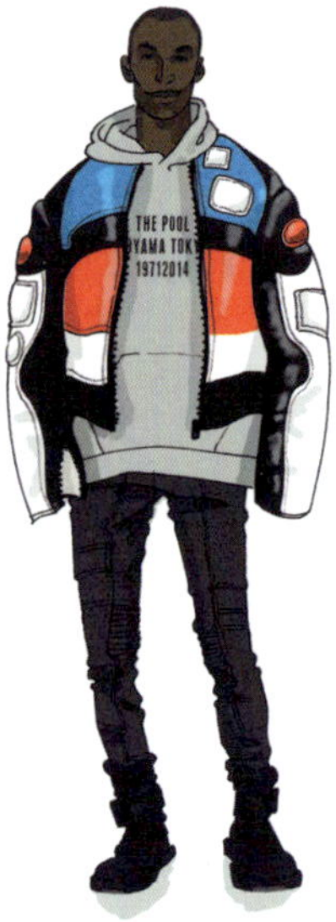

La déco DU RAPPEUR ARTY

Les deux reportages «déco» qui ont été réalisés chez Ben étaient attendus comme le Messie. Imaginez une maison signée Richard Meier aux murs et aux sols laqués de blanc, écrin d'une collection d'objets brillants au propre comme au figuré.

Les stylistes et décorateurs ont noté la présence de certains objets :

1 *Une lampe scialytique dentaire utilisée comme liseuse au-dessus du lit paré de draps en lin noir.*

2 5 *Une sélection d'ouvrages de référence.*

3 6 10 *Des baskets à profusion, les plus* high-tech, *les plus rares ou les plus chères.*

4 *Un fauteuil de Marc Newson.*

7 *Une pile de valises Louis Vuitton.*

8 *Un piano transparent à fonction numérique. Kitsch ou design, le débat à son sujet se poursuit avec une rare intensité dans les salles de rédaction.*

9 *Une œuvre d'un artiste chinois,* Seeking.

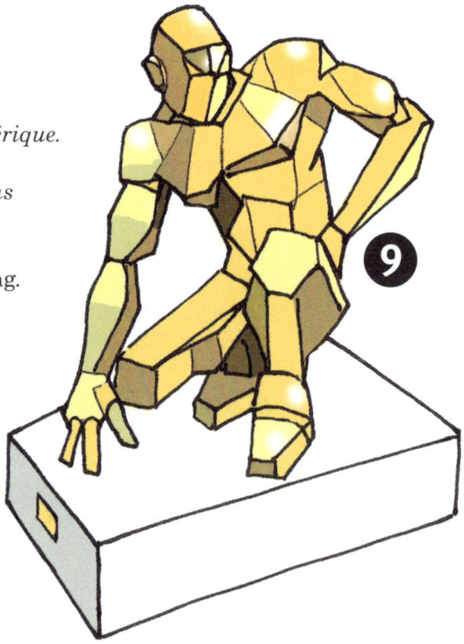
9

10

1
2
HIROSHI Fujiwara
Fragment
Rizzoli
3
4
5
HADID
1979–2013
TASCHEN
6
7
8

SERJANE

La **Galeriste** *minimaliste*

#londonhighstylegirl

Zones de notoriété

Les galeristes sont toujours stylistiquement inspirantes. Évoluant dans un milieu codé où se mêlent art, culture et argent, elles doivent hisser leur style vestimentaire à la hauteur des œuvres environnantes et des clients.

Serjane a un style aussi épuré que celui du mobilier de John Pawson *. Ce choix radical lui permet d'avoir une garde-robe racée et peu coûteuse sur le long terme puisqu'elle fait revenir les mêmes formes depuis quinze ans dans des vêtements collectés en solde ou en ventes privées.

Elle peut ainsi snober les quelques clients bling bling qui se hasarderaient dans sa galerie.

Un jour, une Chinoise la croise dans la rue et lui demande l'autorisation de la prendre en photo. « Pour mon blog », lui précise-t-elle. Un blog un peu *arty*, mode et *lifestyle* qu'elle partage avec son époux, artiste conceptuel à Pékin et à Londres.

C'est peu dire que la photo a été vue. Le taux de fréquentation du site de la galerie, mis en lien sur le blog, et qui ronronnait quotidiennement avec une trentaine de visiteurs, a vu ses statistiques exploser.

*** John Pawson est un architecte britannique connu pour sa maîtrise de l'esthétisme minimaliste. Les boutiques qu'il a conçues pour Calvin Klein au cours des années 1990 ont eu un énorme retentissement.**

La **Galeriste** *tellement fashion*

#fillequiadustyle

Zones de notoriété

Edmonde est une fille résolument fashion. *Pour sa galerie, elle ne référence que des artistes qui tutoient les rédactrices de mode.*

Son style vestimentaire oscille entre un melting-pot de « chic américain '60 » et un mélange de marques que les Anglo-Saxons, qui ont le talent pour trouver des formules qui swinguent, appellent *hot brands*.

Pour accéder à ce statut de fille *hype*, elle régit son dressing avec la rigueur maniaque d'une trésorière de l'Armée du Salut :

- des vêtements « intellectuels » ou basiques provenant de marques n'ayant jamais failli aux yeux des rédactions de Conde Nast, vêtements achetés le plus souvent en seconde main ou en solde ;
- des accessoires forts ou suffisamment excentriques pour passer les années tout en restant désirables, enviés ou, mieux, jalousés.

Edmonde accéda à une relative célébrité en acceptant de poser pour un grand magazine de mode et d'opinion. La styliste photo désirait une série mode mettant en scène des femmes « vraies » sur leur lieu de travail et dont le nom et la profession seraient cités. Edmonde pensait que sa galerie en tirerait un bénéfice, mais quelle ne fut pas sa surprise de voir les photos où elle figure apparaître lors de recherches Google sur son nom. Elle découvrit alors un monde dont elle avait sous-évalué l'ampleur, celui des amateurs de style qui collectionnent compulsivement les photos de femmes élégantes hâtivement qualifiées d'« icônes de style ».

Là où il y a vingt ans Audrey Hepburn et Grace Kelly dominaient le marché, s'étendent aujourd'hui des millions de clichés d'inconnues virtuellement répertoriés dans la catégorie « inspirations », devant lesquels soupirent des internautes aux armoires bourrées de vêtements.

EDMONDE

DIANE

* Raphael Soriano : architecte américain (1904-1988), pionnier de l'habitat en modulaires en acier et aluminium préfabriqués.

La **Vintage** *addict*

#vintageaddict #midcenturystyle #casestudyhouse

Zones de notoriété

Diane, 42 ans, antiquaire spécialiste du marché « American Mid Century », est devenue célèbre du jour au lendemain grâce à un reportage sur elle et sa maison dans un célèbre magazine de décoration indépendant (à la diffusion confidentielle mais planétaire).

La maison, signée Raphael Soriano *, méritait déjà à elle seule le reportage. « Dans le jus » (c'est-à-dire non remaniée par quelque architecte star et téméraire), elle offre au visiteur déférent le spectacle d'un intérieur désordonné où s'empilent des pièces rares dont les prix atteints dans les salles de vente font la une des quotidiens. Cependant, c'est bien la personnalité de Diane, déjà forte du prestige de posséder une telle maison, mais surtout associée à un style de vie un tantinet zinzin, qui a marqué durablement certains esprits vifs en matière de style.

Car Diane n'y va pas par quatre chemins. Elle « vit » passionnément l'époque qu'elle vend et considère avec désolation, voire avec mépris, ce qui a été fait ultérieurement, en design comme en mode vestimentaire. En clair, elle s'habille *vintage*, elle vit, pense et mange *vintage*. La photo qui émerveilla la profession est celle du placard de la cuisine (en Formica) ouvert, dévoilant des produits alimentaires choisis en raison de leur logo inchangé depuis quarante ans.

Sur une autre photo du reportage, on peut la contempler, maquillage Max Factor et faux cils à l'appui, enveloppée d'un nuage de Charlie de Revlon et auréolée d'un brushing à la Gena Rowlands. Pas rancuniers, certains directeurs de style de grandes maisons de prêt-à-porter ont épinglé des photos d'elle sur le « mur d'inspirations » de leur studio de création. La nostalgie est souvent un excellent appel d'air pour la créativité.

La déco DE LA VINTAGE ADDICT

Tout chez elle ou sur elle ayant été fabriqué ou créé entre 1958 et 1978, elle évolue dans son intérieur griffé Mies van der Rohe, Eames ou Girard, cigarette et verre de scotch à la main, telle une héroïne sortie d'un épisode de Columbo.

1. *Rare banquette en osier. Travail américain réalisé en 1967 pour le décor d'un film.*

2. *Téléphone* vintage *qui fonctionne parfaitement. Notez la pugnacité de Diane qui continue à utiliser un téléphone à cadran. Dès qu'il faut appuyer sur la touche étoile, elle raccroche.*

3. *On remarquera le motif emblématique d'Alexander Girard sur le coussin réédité récemment par Vitra. Dans ce cas, Diane veut bien acheter du neuf.*

4. *Série de monotypes, huiles et gravures tous issus de sa période de prédilection.*

5. *Verre à whisky en cristal à décor « pointes de diamant ». Diane possède également la carafe assortie. Deux standards du décor domestique des années 1960.*

6. *Son teckel Jasper. Là aussi, il n'est pas question de choisir un animal qui ne soit pas « à la mode » dans les années 1960 et 1970.*

7. *Guéridon d'Eero Saarinen.*

4
5
6
7

Le **Vintage** *addict*

#vintagesportylook #newyorktrendysportstore #simonvintageshop

Zones de notoriété

Simon est peut-être le seul « antiquaire du sport » au monde. Il possède une boutique de vêtements et accessoires sportifs vintage *dans un quartier élégant de New York.*

Il propose à une clientèle initiée des pièces anciennes, portées ou neuves, et bien sûr un choix de rééditions numérotées. Du ballon de rugby gallois en cuir au maillot d'athlétisme soviétique des années 1960 en passant par le t-shirt d'un club de kung-fu californien des années 1970, l'ensemble du registre sportif est présent. Simon a même référencé dernièrement – tenez-vous bien – l'ensemble de jogging en polyester froissé vert menthe-blanc-violet, *made in China*, du milieu des années 1980.

Il a choisi comme style décoratif l'esprit d'un cabinet de curiosités du XIXe siècle, avec au mur une affiche sous verre des Jeux olympiques de Lake Placid (1980) ou des tirages argentiques des essais d'Ayrton Senna à Monaco.

Le Tout-New York s'y rend – acteurs, musiciens, anciens sportifs, ensembliers et costumiers de cinéma. On leur présente les vêtements avec déférence comme s'il s'agissait de parures Harry Winston. Les vendeurs (débauchés de LVMH) devancent certains clients étonnés des prix, en dégainant d'un ton sentencieux l'ultime expression populaire : « On n'en fait plus des comme ça. »

L'allure de Simon est bien sûr à la hauteur du lieu. Avec ses longues jambes et une démarche élastique, il met en valeur une impressionnante collection de pantalons de jogging qu'il mélange à du Prada ou à du Ralph Lauren.

Montreal 1976
JEET KUNG FU
ACADEMY
1967
SIMON

Focus sur **CERTAINES** TROUVAILLES DE SIMON

1

Rare casquette de baseball de Boston datant, selon les experts, de 1948.

2

Short de tennis sans marque mais portant la mention « Made in England ».

3

T-shirt publicitaire de 1981 du marathon de New York. Lauren Hutton aurait eu le même, affirme une cliente du magasin qui souhaite garder l'anonymat.

4

Tirage argentique de l'équipe de basketball de Westfields High School (New York, 1924).

5

Simon s'enorgueillit de posséder une paire de *SL72* d'Adidas, celle rendue célèbre par la série télévisée *Starsky et Hutch*. La sienne n'est évidemment pas une réédition. Elle a été fabriquée en Allemagne de l'Ouest en 1977. C'est une de ses pièces maîtresses.

6

Authentique affiche de la Coupe du monde de foot d'Argentine en 1978.

7

Paire de *running Waffle Racer* de la marque Nike, probablement fabriquée en 1986, jamais portée et dans son emballage d'origine.

8

Un blouson datant de 1975, du club de football belge RWD aujourd'hui disparu.

9

Petite affiche d'époque des Jeux olympiques de Tokyo de 1964.

Selfie *: A-t-on encore besoin d'expliquer ce qu'est un* selfie *? En général les gens trouvent le procédé ridicule et narcissique, jusqu'au jour où ils en font un lors d'un voyage ou de retrouvailles entre copains.*

SUSAN

La *fille* HABITÉE PAR LE STYLE

#selfie

Zones de notoriété

Cette jeune femme au style plein d'allant est en train de faire un selfie. *Une catégorie de* selfie, *bien connue dans la mode, qui consiste, grâce à une contre-plongée, à pouvoir montrer une vue maximale de ses vêtements.*

Cette jeune femme s'appelle Susan, elle a 24 ans. Stagiaire chez *Elle* au service mode, elle est passionnée par le mécanisme de la mode et son processus, qu'elle a brillamment exposé dans une thèse universitaire : « De l'avant-garde à l'embrigadement de masse, splendeur et misère de la mode ».

En plus de cette position intellectuelle, Susan a du flair pour déceler une bonne tendance et joue le jeu d'une minorité pointue en ayant toujours le bon look au bon moment. L'aspect financier de ce type de posture ne semble jamais être un problème.

Le public a découvert Susan grâce à un photographe de *street style** qui l'a saisie précisément dans ce geste. Le cliché a atterri sur Pinterest. Susan l'a trouvé et l'a montré à l'équipe de son journal avec son propre *selfie* pris au même moment.

Ce double angle de vue a aussitôt inspiré une série mode qui a comblé d'aise notre jeune stagiaire.

******Street style* **: genre photographique montrant des personnages, souvent pris sur le vif, dans la rue et représentatifs de courants de mode variés.**

La *fille* **QUI SE LA PÈTE** et qui assume

#streetstyle #streetstylefashionweek #LFW *

Zones de notoriété

***Abigail est acheteuse/tête chercheuse pour un célèbre magasin londonien. Elle est, depuis 2007, une star du* street style.**

Explication : étant forcément au bon endroit et au bon moment pour choisir ses propres vêtements, elle a un dressing plein de pièces rares ou cérébrales qui sentent bon la radicalité stylistique.

Cela n'a pas échappé à l'œil exercé de quelques blogueurs de *street style* qui, la photographiant régulièrement aux abords des défilés de mode, ont contribué à la rendre célèbre. Bien malgré elle, elle a intégré le sérail envié des « filles qui ont un style » ou, pour les mauvaises langues, des « filles qui se la pètent ».

Son style est assez invariable : majoritairement androgyne et subtilement ponctué d'accessoires féminins. Style hermétique pour la grande part des internautes pourtant consommateurs de mode, il forme un tableau *inspirant* pour les professionnels, stylistes, chasseurs de tendances et autres.

Bien qu'Abigail ait vu sa renommée (ainsi que la valeur de son CV) augmenter, c'est sa profession qui a été la grande bénéficiaire de cette mise en lumière 2.0. Le métier d'acheteur, jusque-là peu connu, a soudain pris un tournant glamour dans les rêves des impétrants d'écoles de style.

*** LFW : acronyme de London Fashion Week.**

ABIGAIL

Fille qui se la pète : expression populaire largement répandue dans les collèges, lycées, réseaux sociaux et milieux girly, *désignant une fille pleine d'assurance.*

Le vestiaire D'ABIGAIL

Aperçu de quelques vêtements d'Abigail montrés dans un magazine en vue sur le thème «Abigail's Essentials Weekend Set».

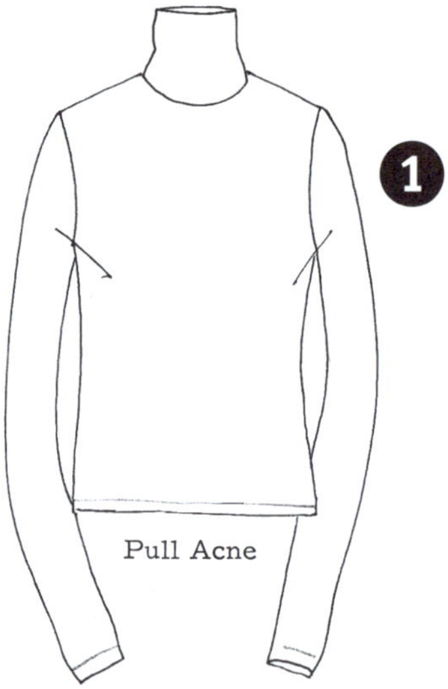

Pull Acne

Sac à bandoulière en mouton, Marni

T-shirt culte et *vintage*, Katharine Hamnett

Pull en intersia, Prada (coll. automne-hiver 2003)

Junya Watanabe,
Comme des Garçons

5

Parka réversible
pour homme, taille S

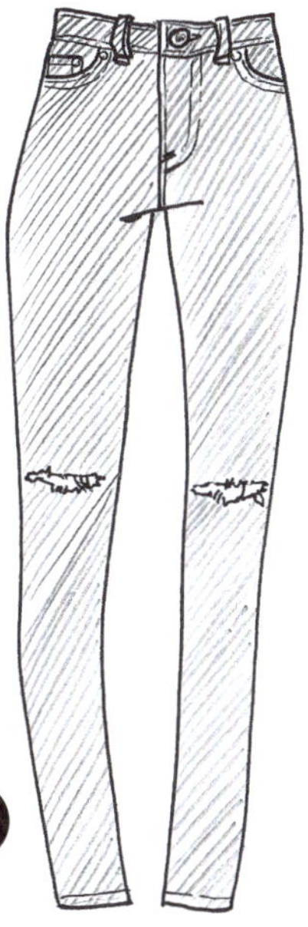

7

Jean Rag & Bone

6

Tour du cou en fourrure,
Marni

8

Vintage Nike
Cortez

La *fille* **QUI SE LA PÈTE** et qui l'ignore

#greatstyle #fillemoche

Zones de notoriété

Voici Francine, qui a un genre que les « gens de la mode » affectionnent particulièrement : celui des filles qui se la pètent en dépit d'un physique de mémère.

À 55 ans, Francine prend toujours des poses de conquérante blasée au port de tête altier. Malgré un faible pouvoir d'achat, elle possède un vestiaire élégant aux accents désuets dont elle semble ignorer le potentiel *fashion*. Où a-t-elle trouvé son manteau qui fait Miu Miu ? Elle ne sait pas, elle ne sait plus, elle s'en fout. Ses lunettes de membre du KGB époque Khrouchtchev ? Celles de son père, qu'il a peu portées. Cette façon de porter ses bagues sur ses gants ? Bah, tout bêtement parce que la bague est trop grande et le gant trop serré.

Malgré son dos voûté, sa taille râblée et son bob de pluie mis n'importe comment, elle en impose, à la manière d'une Jeanne Moreau ou d'une excentrique britannique.

Un jour, Francine a été prise en photo par un *street styler* averti. La photo a été repostée et commentée sur le propre blog d'une journaliste de mode influente sur le net.

La majeure partie du lectorat ignora la photo (cinq commentaires dont un spam) pour ne rebondir bruyamment que sur le post suivant, qui montrait un microshort blanc Isabel Marant et une chemise Equipment (trente-deux commentaires).

FRANCINE

La *Diva* Rn'B

#rnbqueen

Zones de notoriété

« Gros morceau de style », disent d'un air blasé les stylistes à propos des stars du Rn'B. Celle-ci, Diamond Shelby, 28 ans, ne démérite pas de ses aînées et mentors, Diana Ross, Donna Summer et Tina Turner. Dans le sillage des Rihanna et Beyoncé, elle renoue avec un style laissé en jachère au cours de la décennie 1990 : le style opulent des stars.

Mise en lumière grâce à une rythmique Funky-Rn'B-Dancehall, le tout sur des Louboutins de 12 centimètres, Shelby est vite devenue une personnalité dont il faut observer le style.

La voici dans une série mode pour un magazine culte britannique. Elle porte le fameux pantalon de Loewe et les chaussures spectaculaires de Zaha Hadid et Rem D. Koolhaas pour United Nude.

Ce style flamboyant, exacerbé et propre aux stars afro-américaines, est une source d'inspiration sans fin pour les stylistes. Si d'aventure l'une d'elles a un goût et un sens de la mode aiguisé comme Solange Knowles – la mise en scène quasi royale de son mariage a fait le tour du web en une nanoseconde –, c'est alors le jackpot du style.

SHELBY

La déco DE LA DIVA **Rn'B**

Bien que le compte Instagram de Shelby ait souvent donné à voir quelques aspects de sa maison californienne (et de sa piscine), c'est son château en France qui fut dévoilé à la faveur d'un reportage photo dans *Architectural Design*. Il fut accueilli avec les honneurs.

On pouvait saisir les goûts éclectiques et personnels de la maîtresse de maison que, officiellement, aucun grand nom de la décoration n'avait conseillée.

DANS LE SALON, UNE CHEMINÉE MAGISTRALE ❶ ET UN CHEPTEL DE LÉVRIERS ❷ COMME DANS LES TABLEAUX DE LA RENAISSANCE, LE TOUT RÉVEILLÉ PAR UNE INSTALLATION DE MARTIAL RAYSSE ❸ ET DES SUSPENSIONS DE TOM DIXON ❹. DU MOBILIER *VINTAGE* ET RÉSOLUMENT *SPACE ODYSSEY* COMME LE FAUTEUIL *KARUSELLI* DE YRJÖ KUKKAPURO ❺. DANS LA CUISINE EN INOX ET EN COLONNES DE PIERRES TAILLÉES, DE L'ARGENTERIE DE CHÂTEAU RANGÉE DANS DES VASES D'ALVAR AALTO ❻ ET UN SERVICE DE TOM DIXON ❼.

Cette opulence maîtrisée par le choix d'un mobilier froid et cérébral trouva un écho inattendu dans les chambres d'adolescentes qu'on vit enlever leurs posters de cheval pour punaiser des photos de Diamond Shelby en robe Kenzo et sandales Nicholas Kirkwood dans son fauteuil *Karuselli*.

1
3
4
2
7
5
6

PHYSI

QUES

Les Filles aux jambes Louis XV – Le Senior glamour – La Senior *arty* – La Senior italienne – La Senior américaine – La Senior mannequin – Les Barbus – Le Sportif tatoué – Le Styliste tatoué – Le Serveur tatoué – Le *Geek* corpulent – Les Hommes corpulents – Le Styliste corpulent – La Blogueuse +*size* – La Graphiste +*size* – *Nail art* – La Tricheuse – Les Lunettes de caractère

Les *filles* AUX JAMBES LOUIS XV

#thighgap #fillecool

Zones de notoriété

Nommées pudiquement «jambes Louis XV» (en hommage à un style de mobilier en vogue à Versailles) et considérées comme un défaut physique, les jambes de cow-boy sont un plus si on veut «être cool».

Est-ce la mode du *thigh gap*, cet écart entre les cuisses lorsqu'on est très maigre et mannequin, qui a inclus, dans « la bande des filles à dégaine », les filles aux jambes Louis XV ?

Mais attention, méfiez-vous des imitations ! Les infortunées aux jambes droites ou dépourvues de *thigh gap*, c'est-à-dire avec-cuisses-qui-se-touchent, trichent en posant sur les blogs avec les pieds en dedans et les mains dans les poches.

DIETMAR

Le **Senior** *glamour*

#architecturecenturyXX #germanarchitecture
#bauhausheritage #design #vintagedecoration

Zones de notoriété

C'est un article paru dans un célèbre magazine de décoration qui a attiré l'attention d'un public averti sur Dietmar, âgé de 86 ans. Dietmar était architecte dans l'Allemagne de l'Ouest d'alors, établi à Berlin. Exigeant et moderne, reconnu et honoré par ses pairs en raison d'une personnalité discrète, il était resté assez inconnu du grand public.

L'article capta l'œil des décorateurs, designers et directeurs artistiques qui comptent, ainsi que celui de certains blogueurs pointus. Le plus influent d'entre eux réussit à obtenir une visite de sa maison.

Murs blancs, portes aux poignées dessinées par le maître des lieux, reliques du Bauhaus pieusement conservées et carrelages blancs (aux joints noirs)... Les internautes soupiraient d'aise en découvrant les strates des courants « déco » qu'avait traversées Dietmar : un prototype non commercialisé d'une table basse moulée, une chaise patinée de Hans Gugelot portant une pile d'inestimables numéros d'*Avalanche* et de *Futura*, ainsi que l'inévitable luminaire aux spots orientables posé comme une sentinelle auprès d'un tourne-disque Braun.

Les clichés ont fait le tour du web et ont inscrit Dietmar dans une posture d'icône. Son travail, exhumé, est partagé par quelques collectionneurs compulsifs d'images sur Pinterest. Il apparaît désormais sur les requêtes d'images Google aux mots clés « architecture du XXe siècle », « design », et plus prosaïquement à « déco *vintage* ».

On murmure qu'un livre se prépare.

La déco
DU SENIOR
GLAMOUR

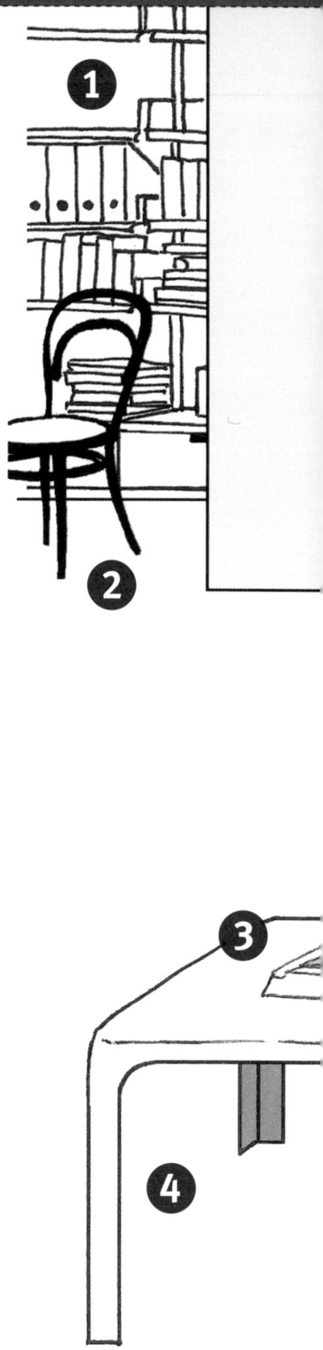

1. *L'étagère Vitsoe. Un monument de style, conçue par le plus grand senior glamour actuel, Dieter Rams.*

   Grand designer industriel allemand, Dieter Rams a marqué à jamais le design par son approche intellectuelle et exigeante. Le travail de celui qui fut chef du design chez Braun AG pendant trente ans est honoré et exposé dans les plus grands musées. Mais c'est surtout l'influence de sa conception du design sur Jonathan Ive, le chef designer d'Apple, qui lui vaut un fan club fervent auprès des jeunes générations.

2. *La fameuse chaise Thonet N° 14. Simple chaise bistrot, copiée et vendue à tous les prix pour les uns, monument de style et de technique pour les autres, elle fut très à la mode dans les années 1970 dans les milieux* arty *et* archi.

3. *Cendrier plein à ras bord que les nostalgiques des différents styles* vintage *contemplent avec émotion dans les films ou sur les photos d'archives.*

4. *Table prototype emblématique du style Pop.*

5. *Fauteuil d'origine du Danois Borge Mogensen (1914-1972), au cuir élimé et patiné.*

6. *Radiateur mis en valeur à la manière de Walter Gropius.*

7. *Le numéro 25 de la revue* Futura *(1965-1968).* Futura *était une revue expérimentale allemande. Malgré ses trois années d'existence, la publication, tirée à 1200 exemplaires, reste aujourd'hui un modèle de concept (une feuille imprimée sur une face, pliée en huit et qui se lit comme une carte routière) à l'esthétisme minimaliste mainte fois appliqué dans la mode.*

8. *Tabouret de Mart Stam.*

5
6
7
futura 25
8

La **Senior**
arty

#padparis #parisdesignfair

Zones de notoriété

Violon, 69 ans, est « connue » dans le milieu de la mode. Ayant encore une activité professionnelle, elle fréquente les vernissages parisiens où sa silhouette, toute de noir vêtue, est souvent aperçue sur les photos des rubriques people *de certains magazines de mode. Les professionnels du vêtement sont toujours admiratifs devant les personnes âgées qui conservent une exigence stylistique, et donc une certaine forme de modernité d'esprit.*

Violon est dotée d'une excentricité intellectuelle. Architecte, elle forme avec son époux, architecte également, un couple élégant qui passe pour original dans le petit village d'Ardèche où ils ont fait construire une maison/manifeste. Violon (c'est son pseudo d'artiste, en réalité elle s'appelle Monique) s'adonne à Yohji Yamamoto depuis des décennies et a orchestré au fil des années un style de vie cohérent entre sa garde-robe radicale et son appartement parisien immaculé et vide où trônent çà et là quelques pièces de Hans Wegner et de Marcel Breuer.

Bien sûr, les aléas de la vie n'entament en rien son exigence. Ainsi, son troisième fils « a mal tourné ». Devenu agent d'assurances, il habite dans un pavillon Bouygues. Son mariage a été une épreuve particulièrement difficile pour Violon : la belle-mère de son fils portait ce jour-là robe en polyester et chapeau rose meringué. Cinq ans plus tard, c'est encore un sujet douloureux que nul n'ose évoquer à table.

VIOLON

La **Senior** *italienne*

#aginggracefully #lebelage #gloriousgreys #wheniamolder

Zones de notoriété

Monica, 62 ans, est italienne et vit l'été à Turin et l'hiver sur la Côte d'Azur française. En France elle utilise un vieux vélo. Un standard du vélo vintage*: le pliable des années 1970 (très exactement un modèle Peugeot de 1978). Par cet acte, elle est, sans le savoir, à la mode.*

Un jour, elle a accepté de poser pour une blogueuse qui l'avait repérée. Ce qui ne devait être qu'un cliché de plus sur un blog s'est retrouvé propulsé en première ligne sur le net, et plus précisément sur Pinterest. Ce réseau de partage de photos peut se targuer d'avoir la plus belle collection de photos de dames d'un certain âge qui ont toutes un point commun : du style.

Ces femmes, qui savent être modernes et élégantes tout en portant des cheveux gris, mais avec une bonne coupe, un dos voûté, mais avec une robe bien coupée, et la ride du lion non retouchée, fascinent une communauté de quadra – ou de quinquagénaires – qui voit en elles la promesse d'un avenir stylistiquement épanouissant.

Mais revenons à Monica. Outre le vélo *vintage* qui, sans qu'elle s'en doute, la transforme en *hipster* senior, elle arbore un vestiaire intéressant. Un registre sport/chic relativement intemporel qu'elle ne porte qu'en villégiature, comme beaucoup de femmes de son âge et de son milieu. Sa montre ? Elle l'arbore, bien sûr, sur sa manche, à la façon de Gianni Agnelli. Ses vêtements sont quasiment tous italiens : un pull Weekend de Max Mara, des lunettes Fendi, des tennis Superga et un jogging Armani qu'elle montre fièrement à la blogueuse. « Parce que, voyez-vous, Armani sera toujours Armani », lui dit-elle en minaudant.

MONICA

La **Senior** *américaine*

#advancedstyle

Zones de notoriété

Une vieille dame aux atours chatoyants est une figure intemporelle de la mode.

Habitant Upper East Side à New York depuis son enfance, Sarah est une *socialite* assez proche de l'image que l'on se fait de cette condition : excentrique, drôle, chic, abonnée à diverses œuvres de bienfaisances, un fils dans la finance, une fille dans la mode et un groupe de copines (aussi chic) avec lesquelles déjeuner au Carnegie Deli.

Aujourd'hui, à 75 ans (?) – sa date de naissance exacte reste un mystère –, elle continue à fumer le cigare et surtout à être une *serial shoppeuse*. Et c'est précisément cela qui nous intéresse.

De Saint Laurent à Oscar de La Renta en passant par Ossie Clark* et Valentino, il n'y a pas un seul grand nom de la mode qui ne soit représenté dans son dressing, tout comme il n'y a pas une seule espèce animale (sous la forme, ici, d'un manteau) qui ne soit présente dans sa garde-robe.

Avec ce style vestimentaire cossu et flamboyant, il lui arrive de se faire photographier dans la rue, ce qui la met en joie, et serait digne de figurer dans le blog « Advanced style », un autre blog de *street style* qui provoque l'émerveillement des plus jeunes en montrant des personnes âgées et théâtralement stylées.

*** Ossie Clark (1942-1996) : couturier anglais de haute volée représentatif de la grande époque du *swinging London*.**

SARAH

INGE

La **Senior** *mannequin*

#mannequinsenior #fiftyandbeyond #FAB

Zones de notoriété

Inge triche sur son âge. Mais, contrairement à la majorité des femmes qui veulent paraître plus jeunes, elle, c'est dans l'autre sens.

À 52 ans, Inge a vu sa carrière de mannequin (re)décoller grâce au marché du senior. Avec une silhouette athlétique sculptée au yoga, un mode alimentaire réduit en graisses et sucre et un vestiaire cool/chic/mode, elle cristallise les rêves de ses contemporaines.

Mais son vrai « truc » beauté, c'est sa chevelure. Totalement blanche aux reflets argent, elle lui donne facilement dix ans de plus.

C'est ce détail qui fait d'elle un mannequin demandé.

Les **Barbus**

#beard

Zones de notoriété

C'est un raz de marée stylistique. Un historien de la mode pourrait affirmer que le phénomène put s'observer dès 2008, principalement à New York et à Portland.

Les hommes à barbe se multiplièrent sous une forme d'élégance rustique et virile propre aux pionniers du Canada pour une moitié, l'autre se réservant barbe et moustache soignées à la George V. Cela remit au goût du jour le salon de barbier.

À New York, les premiers barbiers laissèrent pantelants d'admiration les stylistes européens. On y pratiquait l'entre-soi, interdisant de faire des photos et méprisant le blogueur à la recherche de bons plans à poster. Des hommes qui se savaient beaux y entraient, démarche de cow-boy et bombe de cheval à la main en guise de casque à vélo.

Il pouvait y avoir à côté un restaurant au décor inspiré par le film *True Grit* qui venait de sortir, têtes de cerfs empaillées aux murs et grits dans l'assiette (gruau amérindien à base de maïs remis au goût du jour pour l'occasion).

De cet esprit pionnier naquit un style « Brooklyn Hipster », avec vélo à pignon fixe et tatouages sur le cou, que la barbe dévoilait par temps de grand vent. De fil en aiguille, on vit même dans les banques d'affaires des barbes courtes sur des gestionnaires en costumes Ermenegildo Zegna.

Le salon de barbier est peut-être la première victime collatérale du succès. Il fut tragiquement dénaturé à l'orée de 2015 dans des salons de coiffure de petites villes d'Europe. Papier peint « mur de briques » mal posé, fauteuils de coiffeur faussement années 1950, dessertes en plastique *seventies* et *flyers* proposant des forfaits barbe et moustache distribués dans la rue.

Panorama DES TONTES DE BARBE **EN VOGUE**

Les appellations traditionnelles, notées entre parenthèses ci-dessous, font référence au XIX*e siècle. Le seul témoignage du* XX*e siècle visible sur les cartes des barbiers est le groupe ZZ Top. Les hippies, qui n'allaient pas chez les barbiers, n'ont de ce fait pas vu leur barbe naturelle immortalisée.*

Basic *Hipster* I

Basic *Hipster* II

Basic *Hipster* III
(Garibaldi)

Combo *vintage* I
moustache+pilosité

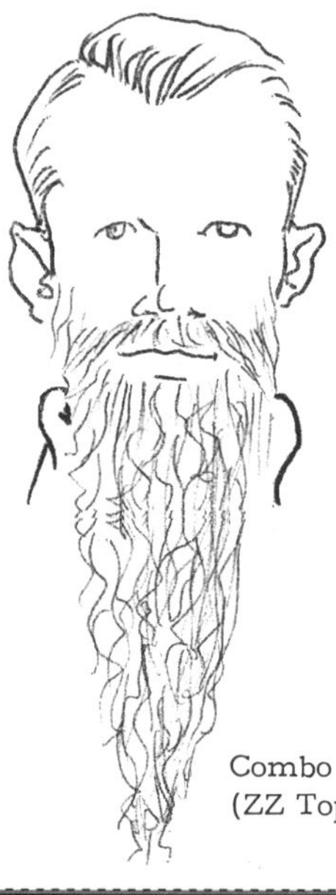

Combo *vintage* II
(ZZ Top)

Combo *vintage* III
moustache+pilosité
+lunettes 70's

Séducteur I

Séducteur II
(Verdi)

Séducteur senior

Excentrique I

Excentrique II

Excentrique III

Patron pêcheur

Moujik

Philosophe
(Darwin)

ODILON

Le *Sportif* TATOUÉ

#tatoo #tatouagessurfeur

Zones de notoriété

Autre raz-de-marée stylistique. Admirez Odilon, 24 ans, qui nous fait une belle démonstration de style. Il a commencé par se faire tatouer quelques standards d'un genre marin monochrome : une ancre de marine et une bannière « maman ».

Satisfait du résultat, et emporté par l'enthousiasme, il s'est fait faire tout un *all-over* du même thème sur les avant-bras, assorti aux motifs qu'il avait dessinés sur sa planche de surf.

Un jour, alors qu'il surfait à Biarritz, un magazine indé qui faisait là un *shooting* mode, l'a recruté – avec sa planche – pour jouer les faire-valoir auprès d'un mannequin sud-africain. Tout le monde a applaudi.

Depuis, la photo circule sur Pinterest.

Le *Styliste* TATOUÉ

#tatouage #beautifultatoo

Zones de notoriété

Paul, styliste et consultant mode auprès de maisons de mode prestigieuses, est un habitué des blogs de street style. *Il pose toujours amicalement devant l'objectif des blogueurs aux sorties des défilés de mode.*

Son nom, que les internautes ont réussi à obtenir après enquête, est souvent sollicité dans les moteurs de recherche. Mais ce sont ses tatouages, plus que son style vestimentaire, qui provoquent l'engouement. Il a en effet la particularité de retrousser ses manches, été comme hiver.

Aujourd'hui, il a opté pour un caban Incotex, une chemise Canali et un pantalon couleur beurre frais de Valentino. Un lecteur non averti peut se demander pourquoi il est important de préciser les marques. C'est que, dans le monde implacable qu'est le milieu des professionnels du vêtement, on est jugé sur sa mise. Préciser une marque indique donc immédiatement le niveau d'exigence que l'on a pour le style et le grade de fabrication de ses vêtements. Et non pour montrer qu'on a des moyens financiers.

Le blogueur qui le photographie sait tout ça par cœur. Il prend une photo de l'ensemble. Mais c'est finalement le choix des internautes, peu sensibles à la mode, qui est intéressant. Ils recadreront la photo sur les tatouages, photo qui fera son chemin sous le mot clé « tatouage ».

Cela désespère Paul qui se donne un mal de chien pour avoir le bon look au bon moment. Ainsi ce sac, un modèle de Want Les Essentiels De La Vie, rapporté de Montréal lorsque la marque était encore introuvable en Europe. Comme il le voulait en vert, il lui a fallu contacter le service de presse de la marque, remuer ciel et terre… Tout shopping dans cette corporation requiert une énergie et un entregent considérables. La recherche d'un bon tatoueur, en comparaison, c'est de la gnognotte.

PAUL

DAVID

Le *Serveur* TATOUÉ

#newyorkcoolhotel #newyorkcoolboys

Zones de notoriété

Le serveur tatoué est un grand classique dans le paysage urbain. Le serveur tatoué et looké d'un restaurant branché aussi. Certains connaissent même une gloire proportionnelle à la renommée de l'établissement où ils travaillent.

Car des tatouages spectaculaires sont les bienvenus dans l'hôtellerie branchée et peuvent avantager un CV un peu léger. Ainsi David, que nous voyons là, a été embauché comme serveur dans un hôtel cool et *hype* de New York sur le critère qu'il avait un look.

Depuis, il apparaît souvent dans les blogs de *street style* et également sur Instagram lors de *selfies* avec des clients, malgré un service à la va-comme-je-te-pousse.

Le *Geek* CORPULENT

#geek #normcore #tshirtmarvel

Zones de notoriété

Cet homme au physique banal, au t-shirt banal et aux baskets banales est devenu en moins de cinq ans une figure incontournable du cinéma hollywoodien.

Messieurs, observez-le attentivement : il plaît désormais aux femmes. Habillé n'importe comment, il fait branché.

Avec un t-shirt Marvel ? On l'imagine acheteur pointu d'un *concept store* ou programmeur chez Ubisoft. Avec une chemise de bûcheron et une barbe ? Propriétaire d'un *food truck* à New York. Avec un t-shirt publicitaire, un jean et des *sneakers* sans marque ? Important scénariste de séries télévisées.

Qu'il habite une villa de Palm Spring ou un studio londonien avec frigo rouillé et vue sur voie ferrée, l'impact est le même. Une forme de désinvolture, de puissance et de modernité.

PATRICK

Les *Hommes* CORPULENTS

#sartorialistbaldfatmen

Zones de notoriété

Le blog «The Sartorialist» a été l'un des premiers à montrer des hommes corpulents et élégants, débusqués dans les rues de New York, de Londres et d'ailleurs.

Professionnels de la mode ou anonymes qui avaient un sens aigu de la proportion, ils déclenchèrent pour chaque photo un nombre de commentaires impressionnant et donnèrent envie aux hommes de reconsidérer autrement leur embonpoint en courant s'acheter un blazer bien coupé.

PARIS

LONDON

NEW YORK

MILANO

JIM

Le *Styliste* CORPULENT

#masculinfeminin #gender

Zones de notoriété

On assiste depuis peu à un phénomène curieux : un certain nombre d'hommes travaillant dans la mode « habillés en grosse dame ».

Combien y a-t-il, désormais, de défilés de mode, de vernissages chic, de fêtes données par un magazine de mode où il n'apparaisse pas à un moment donné un homme portant un sac à main ou un gros collier ? Est-ce un célèbre journaliste de mode américain qui a donné le *la* ?

Ici, admirons Jim, qui ose une robe de chambre *vintage* ayant un je-ne-sais-quoi de Paul Poiret avec un sac minaudière (rare) de Roberta di Camerino*, le tout ponctué de mocassins cloutés de Louboutin pour homme.

N.B. : La tendance semble gagner aussi les individus minces. Pendant les *fashion weeks* (périodes bénies où d'intrépides élégants peuvent s'adonner à des expériences vestimentaires face à un public connaisseur), on peut admirer quelques hommes très virils portant un accessoire ou un vêtement très féminin. Ici, tel corsage en crêpe de soie rose poudré jouxtant barbe et jean usé. Et là, telle jupe plissée sur débardeur montrant une musculature parfaite et des tatouages de baroudeur.

*** Roberta di Camerino : maison italienne réputée pour ses sacs en velours et que l'on reconnaît grâce à sa signature, une boucle de ceinture. Sa diffusion est cependant confidentielle hors du sol italien, alors que ses modèles sont exposés dans des musées et figurent dans les dressings des femmes exigeantes à côté des Kelly et autres sacs iconiques.**

La **Blogueuse** + *Size*

#greatandcurvy

Zones de notoriété

Lauren, 25 ans, fait partie de cette catégorie de femmes célébrées dans la littérature comme « femmes à la beauté vigoureuse » et en marketing comme femme « + size ».

Elle lança un blog de mode en 2010 où elle postait ses propres looks. Il rencontra vite un lectorat avide de conseils dans un territoire laissé en gâtine par la presse mode. Douée d'une empathie sincère pour ses lectrices, elle ne tarda pas à voir son blog gagner en notoriété et en monétisation.

Avec un sens aiguisé des proportions, un goût pour la mode, et un je-ne-sais-quoi de snobisme, il suscita une estime solide auprès des professionnels.

Un jour, un magazine féminin lui demanda de venir faire le stylisme d'une série de photos et poser pour son « spécial ronde ». Elle avait carte blanche et se composa, entre autres, cette tenue que vous voyez à droite. Elle se débrouilla « comme un chef », avec cet enthousiasme propre aux blogueurs qui procure – je le répète – une bouffée d'air frais dans ce monde de la mode où l'on est vite blasé.

De retour à la maison, les yeux brillants de joie comme une enfant devant un arbre de Noël, elle appela sa mère pour lui conter sa journée : « C'était merveilleux, j'avais l'impression d'être Carine Roitfeld*... »

*** Carine Roitfeld : ancienne rédactrice en chef du magazine *Vogue France*, mince et fuselée comme un mannequin. Visionnaire, elle fait autorité.**

LAUREN

LOUISE

La **Graphiste** + *Size*

#curvyandgreat

Zones de notoriété

Louise, 28 ans, à la silhouette callipyge, est une fille courageuse. Elle travaille dans la mode.

Du moins c'est ce que penserait tout esprit critique qui a remarqué que la minceur était à la mode. Or il se trouve que, grâce à son talent pour rendre les choses de ce monde visuellement harmonieuses, Louise régit sa propre allure comme Louis Le Vau a conçu Versailles : avec panache.

Elle a sélectionné avec rigueur et une bonne fois pour toutes les cinq types de vêtements qui « fonctionnent » avec un corps tout en courbes, et ponctue l'ensemble d'accessoires « à la mode ».

Joueuse, elle a monté avec un groupe d'amis un magazine de mode et d'opinion. L'esprit y est résolument snob. Photos léchées signées par quelques pointures, pages de mode pointues, entretiens avec des personnalités issues du gotha de l'architecture, de l'art contemporain, de la littérature... Ce n'est qu'en le regardant plus attentivement que le lecteur s'aperçoit que tous les intervenants sont charnus.

Pour les prises de vues des pages mode, le choix des mannequins « + size » s'est porté sur des célébrités un tantinet hystériques plutôt que sur tel banal mannequin à forte corpulence qui risquait de donner une once de ringardise au projet.

Ce qui avait été prédit comme un four commercial fut un four commercial. La vie du magazine ne dépassa pas trois numéros. Mais l'accueil d'estime des professionnels fut total. Le magazine fut classé sans suite mais *collector*.

Une journaliste vétérante, arbitre du bon goût, eut le mot de la fin : « Il y a toujours des esthètes intrépides qui voient la beauté ailleurs. Ils seront toujours trop peu nombreux. »

Nail ART

#nailart

Zones de notoriété

Bella est une maniaque du vernis à ongles. Elle possède un blog et un compte Instagram entièrement dévolus à cet art techniquement mineur mais commercialement fécond.

Aujourd'hui, elle fait sobre. Ce nouveau pull H&M « #craquage intégral » a inspiré la manucure du jour. Comme le vernis bleu étonne en général et séduit toujours, nul besoin d'en faire plus. Et Bella a « évolué ». Fini les clichés pris à la va-vite de ses ongles peints avec application pendant des heures, avec effets de dégradés, effets d'ornements à thèmes et parfois de strass Swarovski posés dans un *nail bar* rose et blanc. Place à une esthétique mode où le charme pittoresque du style *girly* et ado n'a plus la sienne. Et place aux photos léchées voire parfois conceptuelles que prend son petit ami *.

Le cliché sera à coup sûr référencé par les internautes amateurs du genre, sur le réseau Pinterest. La catégorie « Nail » ou « Nail art » y étant très bien pourvue.

*** Le petit ami (ou mari) de la blogueuse est une figure essentielle du phénomène de la blogosphère. Infatigable photographe, pygmalion avisé, programmeur patient, *geek*, graphiste ou directeur artistique, il est l'acteur invisible dont dépend un système. Il mérite une *standing ovation*.**

BELLA

La **Tricheuse**

#effetpushup

Zones de notoriété

Voici Naomie qui reprend pour son compte Instagram professionnel une des poses de Kim Kardashian.

Elle porte un de ces sous-vêtements qui, grâce à un astucieux *padding*, procure, selon ses dires, l'illusoire plaisir d'avoir une chute de reins. Les photos sont prises à son domicile devant le miroir de son dressing, donnant l'impression d'être prises à l'arrache avant de partir au bureau.

Naomie n'est pas une groupie mais une femme d'affaires. Elle possède un site de vente en ligne de lingerie et se rêve parfois en Nathalie Massenet*.

Cette année sera pour elle « l'année des formes », et elle compte bien être en première ligne si d'aventure l'effet Kardashian devait durer.

*** Nathalie Massenet : Américaine, fondatrice du site Net-a-Porter. Ancienne journaliste, elle a eu le nez creux en misant sur la vente en ligne de vêtements de créateurs de luxe et elle a compris qu'au fin fond de l'Arkansas une fille pouvait désirer un top Chloé sans avoir à faire des kilomètres pour le trouver. Son histoire est devenue une véritable *success story* et a changé la façon d'acheter « de la mode ».**

Le soutien-gorge de Naomie est également un modèle push-up.

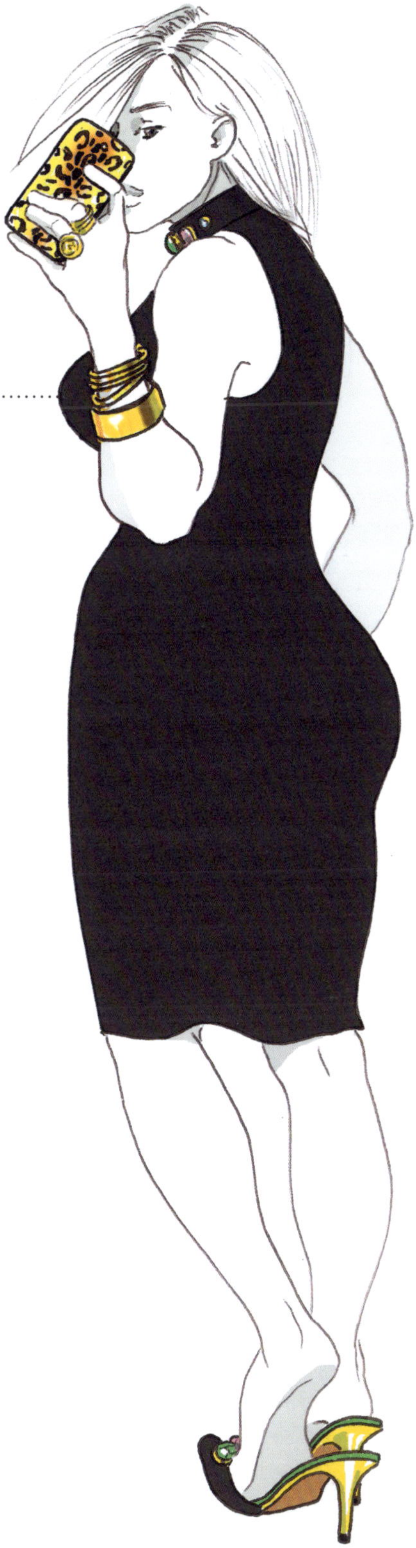

NAOMIE

Le top 10
DES PUSH-UP

On notera que Naomie a pris soin de dessiner et d'élaborer avec un fabricant mexicain une collection d'«exclusifs» pour son site. Bien lui en a pris : le «modèle sport» et le padding *«effet Rn'B» caracolent déjà en tête des ventes.*

1

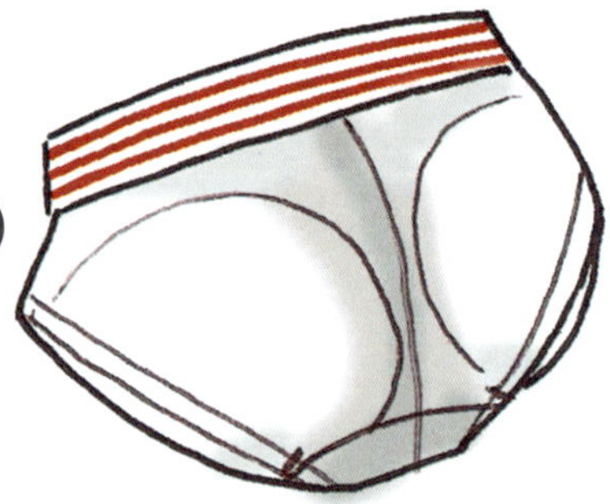

Push-up Modèle Sport

2

Chute de reins + courbe des hanches anti-culotte de cheval

3

Effet brésilien

4

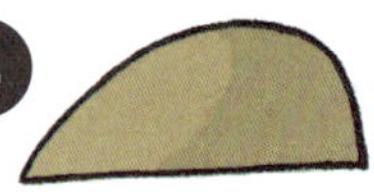

Effet Rn'B

5

Effet Kardashian

6

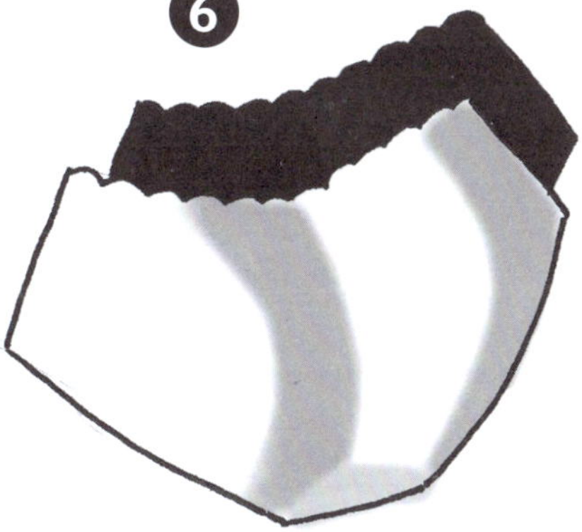

Culotte rembourrée effet *push-up*

7

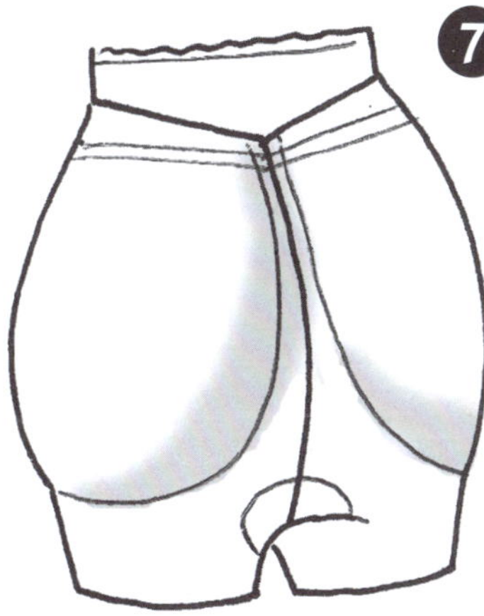

Effet chute de reins-*padding* amovible

9

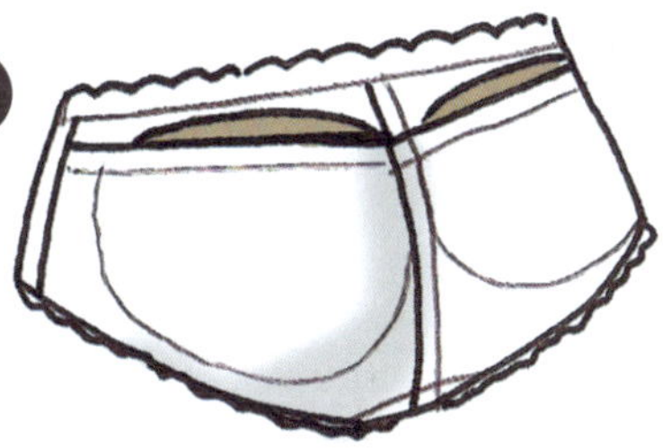

Shorty volume + *padding* amovible

8

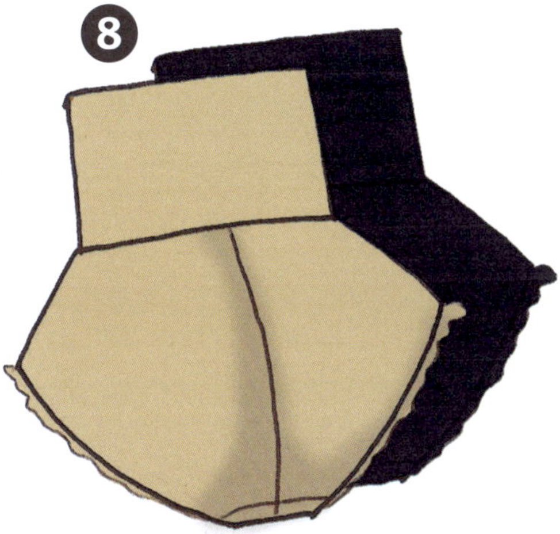

Effet *push-up* + taille fine

10

Tanga *push-up* Express

Les *Lunettes* DE CARACTÈRE

#lunettes<3 #lunetteswishlist #lunettesmode
#lunetteshipster #looklunettes #beardandglasses

Zones de notoriété

L'amateur de lunettes a toujours existé.

Aimant les styles forts, les grosses montures, il regarde, rêveur, les modèles en écaille de tortue et réalisés à la main dans des ateliers septuagénaires dont le nom s'affiche en doré et en Garamond sur des portes vitrées à l'ancienne. Souvent des gens de la mode, des écrivains caractériels, des dandys myopes ou quelque chef d'orchestre *old school*.

On ne sait pour quelle raison mystérieuse, quasiment du jour au lendemain, à l'orée de 2007, tout le monde a voulu porter des lunettes. Cela a commencé par le modèle *Wayfarer* qu'Elvis Costello* portait pourtant depuis trente ans dans l'indifférence générale. L'engouement a monté crescendo. Une abondante documentation visuelle circule pour preuve, sur le net, jusqu'à plus soif. Cela a fait le bonheur des opticiens, des fabricants et des journalistes qui ont montré des sujets sur ceux qui s'achètent des fausses lunettes de vue pour avoir « le look ».

*** Elvis Costello : musicien, auteur, compositeur et interprète, il a, comme beaucoup de Britanniques, du style. Il a toujours porté des lunettes impeccables.**

STY
DE VIE

LES

La Beauté saine – Les Instagrameuses *healthy* – La Famille modèle – Les Pères – La Fille de… – La Fille de… *vintage* – La Femme de… – Génération «Do It Yourself» – Le Dandy éco-responsable – Le Touriste éco-responsable – Le *Roadeur* – Génération *Outdoor* – Le *Packing* star – Le Garagiste glamour – Le Fermier bio et surfeur – Culture surf – Le Nomadisme urbain – L'Appartement star – *Scandinavian Style World Wide* – Les Diasporas branchées – Le Vide-dressing

La **Beauté** *saine*

#beautenaturelle

Zones de notoriété

Alba, végétarienne, adepte du «manger cru» et du compost fait maison, a créé une marque de cosmétiques «bio». Elle a fait le buzz *récemment en déclarant, sur un site américain consacré à la beauté: «Je me nettoie le visage au savon et à l'eau.»*

Alba, dont la famille possède une exploitation agricole dans la région de Tolède, en Espagne, a mis au point une petite série de produits pour le soin du corps et du visage dont l'ingrédient principal est l'olive « bio » que récoltent ses parents. L'assurance de l'origine de ses ingrédients, la formulation de produits intelligents et le design réussi du *packaging* contribuèrent à lancer le business d'Alba. Une crème anti-UV sans produit de synthèse, un savon doux à base de noix de sapindus et un shampooing naturel sec, pour économiser l'eau si précieuse, sont ses produits les plus emblématiques.

Il y a deux autres raisons à son succès : son physique et son mode de vie. Celui d'une grande et jolie fille à l'allure sportive «qu'un rien habille», au style de vie rustique mais chic, dans une ferme rénovée avec goût et, *last but not least*, pratiquant yoga et taï-chi avec conviction. Très vite, elle fut repérée par les journalistes «beauté» et les sites «beauté/*lifestyle*» influents. C'est en posant pour eux, à la manière des photos de Garance Doré*, dans sa maison aux pierres badigeonnées de chaux, qu'elle devint une «fille à suivre».

*** Garance Doré est une blogueuse/illustratrice/photographe mondialement connue. Visionnaire au goût sûr, elle a le chic pour débusquer et mettre en valeur, *via* des photos inondées de lumière, les *it-girls* de demain.**

ALBA

Les **INSTAGRAMEUSES** *healthy*

#sweatanddrinkjuices #healthyandwealthy
#sweatandmakesport

Zones de notoriété

Avec plus de 300 000 followers *sur Instagram, Tina, à l'allure d'un mannequin, athlétique et bronzée toute l'année, a développé un business florissant sur le net* via *un site de* lifestyle *intitulé « sweat and drink juices ».*

Celui-ci, dont la présentation est élégante, propose généreusement des recettes végétaliennes et des vidéos de fitness montrant Tina devant une maison contemporaine avec vue sur le Corcovado. Son deuxième atout c'est sa façon de s'alimenter. Tina a fait sienne cette mode de se nourrir de jus de fruits et de légumes crus. Une grande partie de ses photos la montre un verre à la main, ou bien dans sa cuisine, le mixer et les épluchures à portée de main.

Son dernier atout, c'est sa plastique qui aimante les marques désireuses de collaborer avec elle. Si vous en voulez plus, vous pouvez cliquer sur la mention « eshop » qui clignote. Vous y verrez une collection de vêtements de sport frappés de son nom auxquels viennent s'ajouter des collections capsule avec de célèbres marques de sport.

Son site est peu de chose en comparaison de sa présence sur les réseaux sociaux où Tina a conquis sa place. Elle y présente sa vie à un public médusé par le truchement de photos (valorisantes) qui semblent insinuer qu'on peut gagner sa vie en faisant de la gym au bord d'une piscine.

TINA PERREIRA
tina perreira
2h
SUPREME
11327 Like

TRISH, PAUL & KIDS

La *famille* MODÈLE

#familyhome #familyhouse #dreamhome #famillebobo

Zones de notoriété

*Vous êtes une famille de trentenaires urbains à l'allure bobo/*hipster*? Vous habitez un appartement à la déco scandinave ou une maison rénovée en loft avec verrière séparant la salle de bains de la chambre des parents?*

Vous pouvez devenir les *socialites** de la semaine dans un blog de déco prévu à cet effet. Ici Trish, Paul et leurs deux enfants ont adopté un look pieds nus ou baskets pour montrer à la terre entière combien ils sont cools.

Et, pour que le lecteur puisse s'identifier plus facilement, les pièces de mobilier « à la mode » sont sélectionnées et mises en lien vers un site marchand de design.

*** *Socialite* : mot anglais désignant une personne mondaine issue de la haute société. Le mot « mondain » faisant penser à une cocotte Belle Époque aux formes pulpeuses et aux plumes de geai, il fallait trouver un terme plus dynamique. Le terme *socialite* évoquant immédiatement un cortège de Stella Tennant, Charlotte Olympia et Edie Campbell, incarnations racées du *cool britannia*, il fut adopté sans réserve.**

Les **Pères**

#fathersquaterly

Zones de notoriété

Franck, 32 ans, professeur de flûte traversière et père de deux enfants, est devenu malgré lui, un dimanche matin, un modèle de style.

Arrêté dans la rue par une fille qui a un blog de *street style*, il pose. Le cliché fera ensuite le tour du net, exaltant un genre qui existe pourtant depuis la nuit des temps : le père.

Le genre en question est familier de la presse mode, montrant des hommes élégants dont l'axe marchand est souvent la poussette. Celle-ci, profilée, carénée, est un nouveau marché masculin. Pour preuve, des scènes surréalistes en magasin où des papas parlent « mécanique » avec les vendeuses.

Ici, Franck, ses enfants, plus la poussette, forment un tout au style homogène qu'il est nécessaire de détailler afin de saisir son importance.

Franck porte des Converses et semble dire : « Je me fiche qu'elles aient été trop à la mode. Je suis au-dessus de la mode. » Son cardigan Comme des Garçons Play avec le logo emblématique de Pagowski ? Franck affirme qu'il ne connaissait pas la marque avant de l'avoir acheté par hasard dans une boutique de son quartier. À propos de la tenue de sa fille qu'on croirait sortie d'un shooting d'un *Vogue Bambini* ou d'un *Milk Magazine* : « Je lui ai mis n'importe quoi ce matin. Ma femme est à un salon à Francfort. »

C'est cet air « de ne pas y toucher » qui fait le style. Plus sérieusement, le concept du père a trouvé récemment ses lettres de noblesse sous la forme d'un élégant magazine de *slow journalism*, édité à Varsovie : *Fathers Quaterly*. Il montre des vrais pères sous forme d'interviews et de portraits, et le mot que l'on en retient donne une boule d'émotion dans la gorge : la transmission.

Poussette pour runner, *de la marque Bugaboo : un truc qui donne instantanément du style. C'est d'ailleurs la poussette des stars.*

FRANCK, ZOÉ & BB

La *fille* de...

#fillede

Zones de notoriété

Rose Grace, 22 ans, se classe dans un genre qui est toujours le bienvenu dans la presse mode : la fille « de... ».

Elle est fille, petite-fille, cousine et nièce d'un aréopage de femmes célébrées pour leur élégance et leur esprit. Sa famille est bien sûr argentée, tirant ses subsides de plusieurs aïeux capitaines d'industrie. La barre est tellement haute pour les générations suivantes que Rose Grace aurait pu baisser les bras et porter du polyester. Non, elle relève le gant avec style.

Comme beaucoup d'amies de son milieu, elle a lancé une ligne de bijoux à laquelle elle a donné son nom. Des bijoux impeccables qui forcent l'admiration des rédactrices de mode les plus exigeantes invitées à sa première présentation à la presse. Fascinée par l'univers de Christian Astuguevieille *, dont sa mère possède de nombreuses pièces, elle tresse, noue, assemble de beaux cordages de chanvre. Elle porte des protos « chanvre et or » pour l'été prochain et un t-shirt blanc taille 14 ans, sur lequel elle a peint à l'arrache des rayures avec un pinceau brosse et une peinture pour tissu. On aperçoit son intérieur : un espace vide en béton banché de la mouvance brutaliste, meublé de quelque mobilier rare. Ici, le fauteuil *Jangada* du Brésilien Jean Gillon (1960), un luminaire de la même époque non signé et un coussin XXL fait sur mesure dans un tissu d'une maison londonienne en vue chez les gens de la mode. Son prénom commence à circuler.

*** Christian Astuguevieille : artiste français pluridisciplinaire né en 1946 à Paris. Directeur artistique, sculpteur, plasticien, designer... Ses meubles en cordes et bronze sont célèbres dans le monde entier. Il est également le créateur olfactif des parfums de la maison Comme des Garçons.**

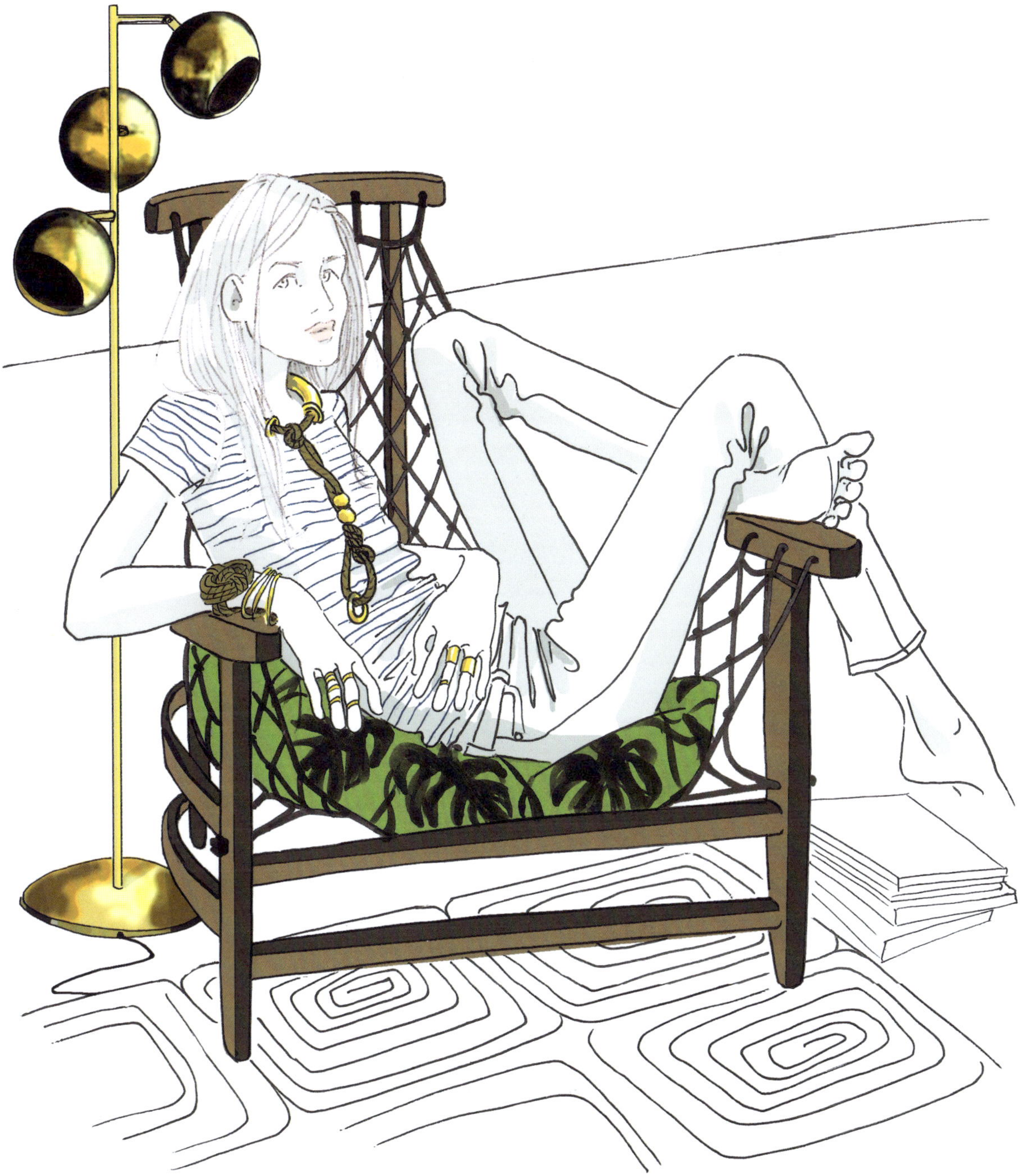

ROSE GRACE

MARISA BERENSON

La *fille* de… VINTAGE

#fillede

Zones de notoriété

La fille « de » n'a pas attendu l'essor d'Internet pour faire rêver.

Ces filles dotées du style et d'une photogénie évidente font régulièrement l'objet d'articles dans la presse. Mais c'est sur le web, sur les sites de partage de photos, où elles reçoivent l'appellation d'« icônes de style », que l'on peut mesurer plus aisément le culte qui est rendu à certaines.

Avant Internet, la fille « de » bénéficiait de l'intérêt de toute une profession, les professionnels de la mode bien sûr. Ici, Marisa Berenson, fille d'armateur et petite-fille d'Elsa Schiaparelli, en décembre 1967, sur l'une des nombreuses couvertures qu'elle fit pour le magazine *Vogue*.

La *femme* **de...**

#chanel #isabelmarant #jcrew #blessedlife #eres #marysiaswim #hellonewyork #goodbyenewyork #NYFW

Zones de notoriété

« Je suis gavée », dit une journaliste deux semaines après s'être « abonnée » au compte Instagram d'Amber.

Amber est l'épouse d'un producteur de séries TV américain. Elle affiche donc un grand train de vie, jugé « idyllique », sur les réseaux sociaux.

Le shopping y tient une large place, ou plutôt les retours de shopping où on la voit, sourire victorieux, brandir des sacs géants (#chanel #isabelmarant #jcrew). La vie de famille est montrée principalement autour de sa piscine avec les enfants (#blessedlife). Amber n'hésite pas à prendre des poses de mannequin sous le prétexte d'exhiber son dernier maillot (#eres #marysiaswim). Les voyages, fréquents, sont évoqués grâce à des vues de hublots (#hellonewyork #goodbyenewyork). Ses amis sont présents. Des célébrités diverses dont le joker est une *socialite*, une fille « de... », qui fait le bonheur des photographes pendant les semaines de présentation des collections (#NYFW). Et c'est précisément ce détail qui nous intéresse.

Car, fort de ce joker, son compte Instagram a commencé à émerger. Le public a vite repéré cette fille à la plastique avenante et au style vestimentaire « cool mais sexy » qui escortait les filles stylées de la *fashion week*. Le nombre de ses abonnés a augmenté tellement vite qu'un magazine de mode l'a classé parmi les vingt comptes Instagram mode à suivre. C'est dans ce contexte que notre journaliste commença à la suivre, pour se désabonner quinze jours plus tard, rassasiée de tant d'opulence et de bonheur.

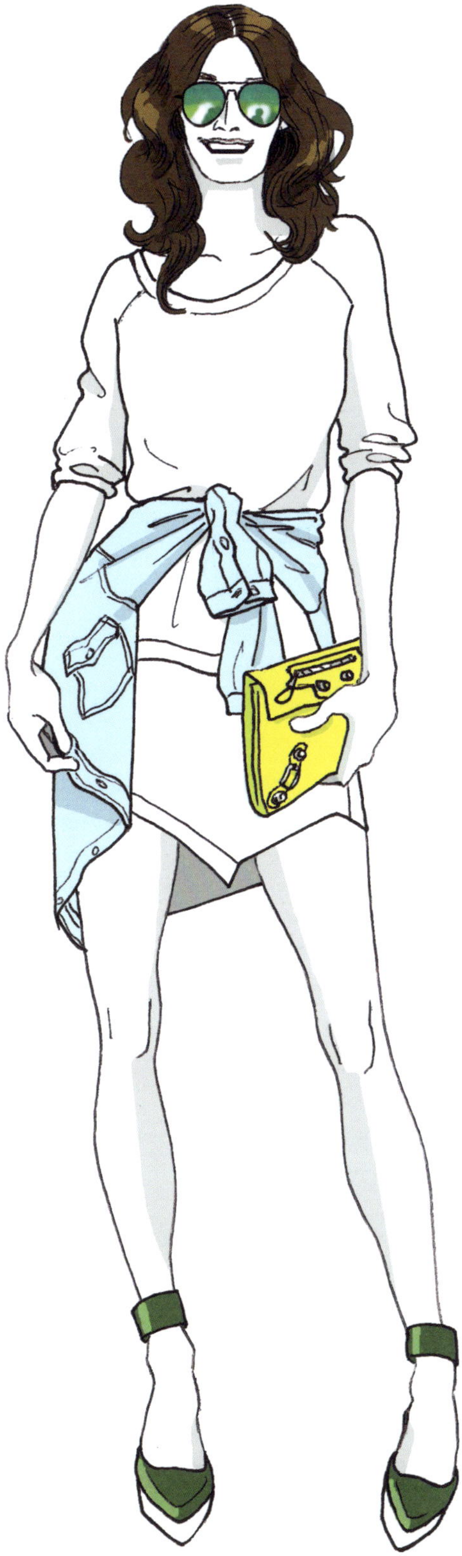

AMBER

Génération *Do It Yourself*

#patronsjaponais #woolandthegang
#tricotdoityourself #etsy
#loisirscreatifs

Zones de notoriété

BILL

Ces trois personnes sont adeptes du « fait maison ».

Bill, étudiant en graphisme, dessine au gré de son humeur ses propres motifs sur ses t-shirts. Face à la forte demande de ses amis, il propose désormais des portraits à la commande et s'est retrouvé rapidement, *via* Etsy* et sous le pseudo « Tradesman-Picto », sur le marché des enterrements de vie de garçon, des pots de départ à la retraite, des mariages et des bar-mitsva.

*** Etsy : site américain de vente en ligne spécialisé dans le fait main, les créations personnelles et tout ce qui touche aux loisirs créatifs.**

An est une virtuose du tricot. C'est elle qui a entièrement tricoté sa robe et crocheté son sac auquel elle a fixé une sangle conçue par son fiancé cordonnier. On peut la voir sur Pinterest comme « fille à suivre », photographiée par ses amies blogueuses. Mais An ne vend rien. Le tricot, c'est son hobby, et le site Wool and the Gang, son mentor.

Lila a une passion pour la couture et réalise ses robes grâce aux fameux patrons japonais. Ici, sa dernière œuvre en toile de laine avec une lavallière en mousseline de coton qu'elle a teinte elle-même du même gris que la robe. Elle la présente sur son blog, sur Facebook et Instagram avec un tutoriel (gratuit) pour confectionner à son tour la lavallière et les fleurs en tissu.

AN

LILA

ARTHUR

Le *Dandy* ÉCO-RESPONSABLE

#dandyecolo #ecofriendlydandy

Zones de notoriété

Arthur, ce Parisien de 28 ans, à l'allure de vieux garçon timide, est concepteur de contenus 2.0 pour des blogs de personnalités politiques. Il est résolument un garçon de son époque, en dépit d'un vestiaire qu'une personne âgée ou non initiée à la mode qualifierait hâtivement de démodé.

Bien qu'évoluant dans un milieu professionnel où la technologie fait rage, Arthur se flatte d'avoir un style de vie plutôt *low tech* et de se questionner sur la problématique de la préservation de l'environnement et du développement durable, tout en affectant, et c'est ce qui est admirable, un art de vivre proche du modèle dandy.

Il possède un goût pour les belles chaussures, anglaises si possible, et les costumes bien coupés. Il s'honore de piloter un vélo *vintage* dans les rues de Paris, pinces à vélo d'époque sur ses pantalons impeccables, un exemplaire de *The Chap** sous le bras. Il s'adonne peu au shopping puisque ses vêtements, confectionnés dans des tissus rustiques, sont faits pour braver les années avec style. Il les choisit d'après des critères bien précis : à chacun de ses voyages en Europe, il s'achète des produits fabriqués localement dont le détail se trouve dans les pages suivantes.

*** *The Chap* : magazine britannique à l'humeur caustique qui célèbre un genre maltraité par la fin du xxe siècle : le gentleman.**

Le vestiaire DU DANDY ÉCO-RESPONSABLE

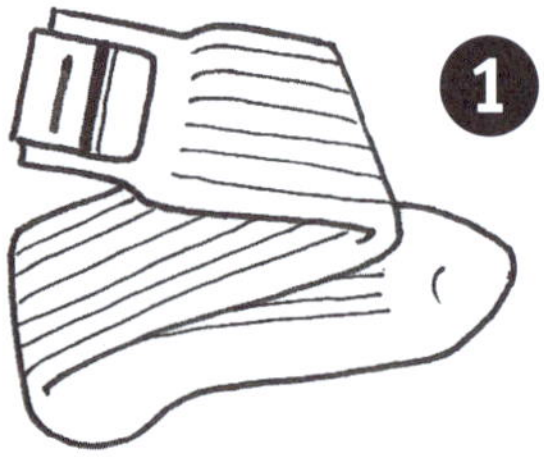

Les chaussettes Gammarelli. L'adresse est restée longtemps confidentielle, connue des dandys et gens de la mode. Avec le net et désormais un site, c'est une affaire qui tourne. Les snobs s'en désolent, mais Arthur (qui espère que cet accroissement de production n'a pas entraîné quelques sous-traitances «ailleurs») s'en contente. Comme la Grande-Bretagne, l'Italie, restée traditionnellement productrice de fils et de maille, satisfait les consommateurs de «mode vertueuse». Et puis, porter les chaussettes du pape, tout de même, «ça pose son homme», souligne Arthur.

Caban en tweed S.E.H. Kelly. Avec un pays encore producteur de tissus vigoureux fabriqués sur des métiers traditionnels et une «école» comme la rue Savile Row pour former des tailleurs, la Grande-Bretagne est un vivier de marques pour les amateurs de savoir-faire et de productions peu polluantes en CO^2.

4

Les sous-vêtements traditionnels allemands Schiesser Karl-Heinz. Qualité allemande et nostalgie sont au rendez-vous. La fabrication est aujourd'hui sans doute délocalisée, mais bon, on ne va pas chipoter sur tout.

3

Les baskets Veja. Le caoutchouc des semelles provient des forêts d'Amazonie et est acheté aux *seringueiros*, qui peuvent donc continuer cette pratique séculaire et préserver ces arbres indigènes menacés par la culture intensive du palmier. La toile est un coton bio local et le procédé d'acheminement des baskets vers l'Europe, par bateau, est le moins polluant possible. Du début à la fin de la chaîne, tout est calculé pour être éthique.

5

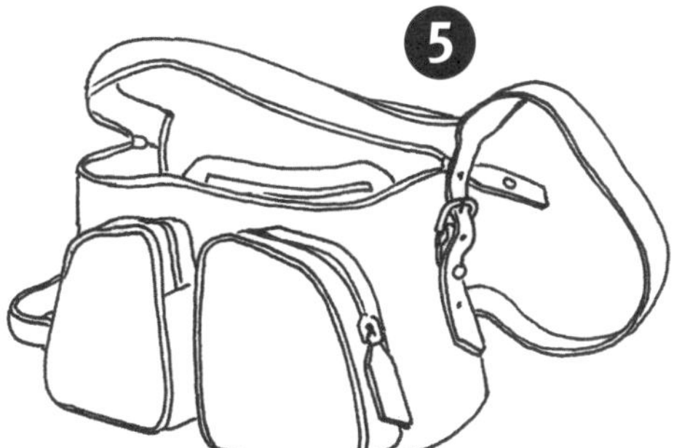

Les sacs La Contrie. Atelier parisien chic qui fabrique de la maroquinerie dans la grande tradition des beaux sacs d'antan : on choisit les meilleurs cuirs et on prend son temps pour bien les faire.

6

Écharpe en laine Burel. Burel est une maison portugaise productrice de lainages traditionnels et rustiques. Comme « avant », elle file et tisse la laine, et confectionne vêtements et accessoires.

7

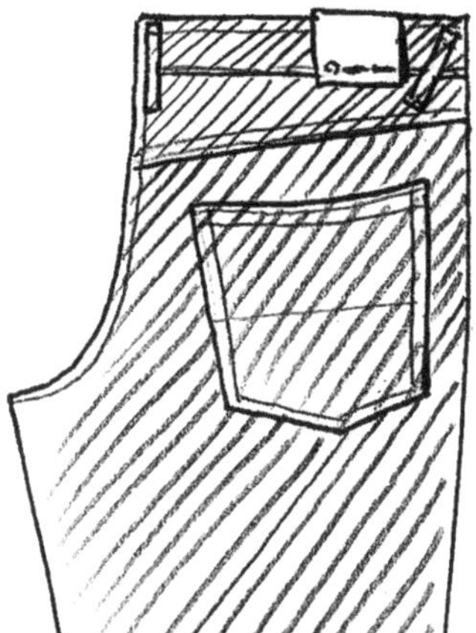

Le denim Hiut. Leur devise : « Notre ville va refaire des jean. » Hiut se trouve à Cardigan, au pays de Galles. Cardigan fut longtemps une ville productrice de jeans avant de voir sa production diminuer et ses usines fermer petit à petit. C'est sur ces ruines que Hiut fut créé en 2011 et emploie 50 personnes qui fabriquent des jeans à l'ancienne, non lavés et bien coupés.

8

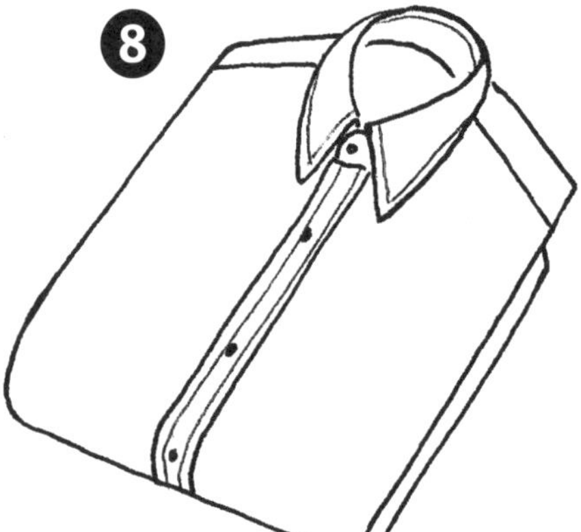

Chemise Bruce Field. Une des dernières maisons à fabriquer des chemises en France. Dans l'Indre depuis 1978.

9

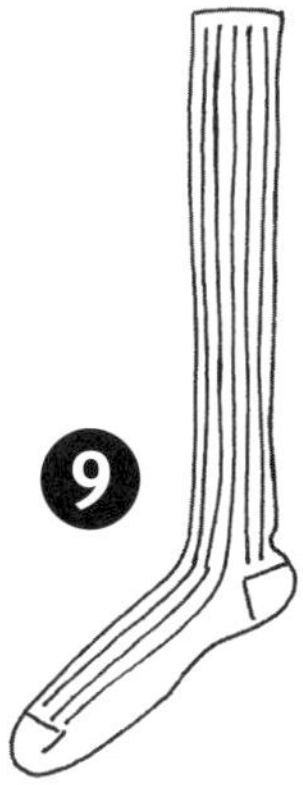

10

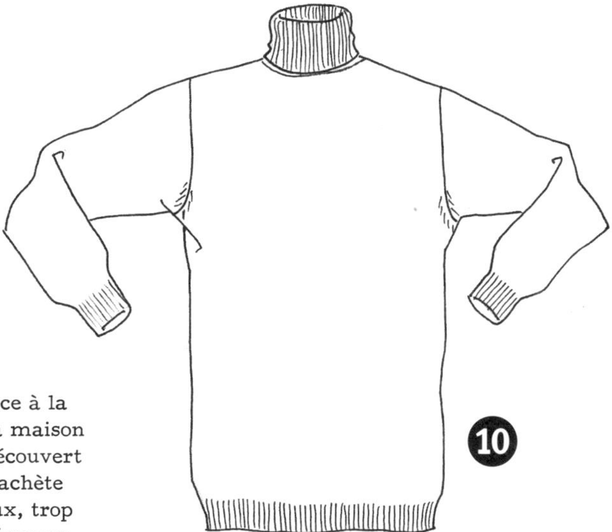

Les chaussettes Collégien. C'est grâce à la proximité de l'usine Collégien avec la maison de ses grands-parents qu'Arthur a découvert cette marque de chaussettes. Il en achète chaque week-end qu'il passe chez eux, trop heureux d'avoir, comme pour les légumes au marché, un produit « kilomètre 0 ».

Les pulls William Lockie. Dieu merci, ces vieilles maisons ont survécu ! Et grâce soit rendue aux Britanniques qui, envers et contre tout, ont continué à vouloir porter « des pulls qui grattent ».

11

12

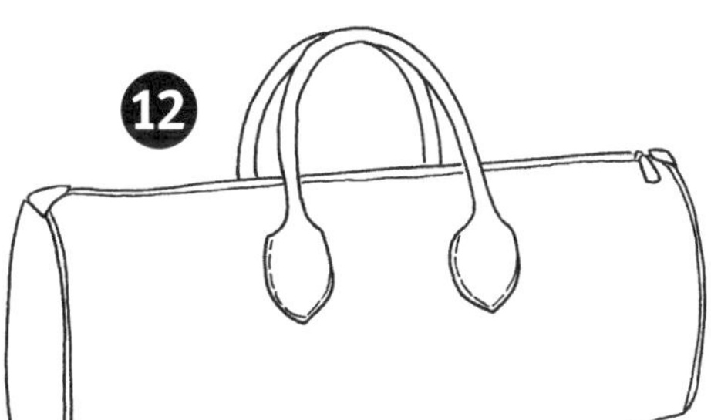

La marque Reigning Champ. Une de ces nouvelles marques à résonance *hipster*, proposant un produit de caractère fabriqué « sur place » à Vancouver. Arthur a essayé d'en faire venir en Europe par bateau. Peine perdue, il en a donc commandé sur le net, avec livraison par Fedex, et a, comme pénitence, planté un arbre.

La Maison Charoussas, fabricant discret de sacs utilitaires. Une jolie identité visuelle l'a fait sortir de sa province, pour le plus grand bonheur des *aficionados* du style et de la tradition.

Le *Touriste* ÉCO-RESPONSABLE

#tourismeecoresponsable

Zones de notoriété

Greg, à gauche, pose sur son compte Facebook lors d'un voyage en Hongrie. Carlo, à droite, pose pour son blog dédié à son périple à vélo en Europe.

Ces deux garçons incarnent une forme de voyageurs dont le nombre est grandissant malgré les contraintes évidentes. Greg privilégie le voyage éthique. Il tâche de faire profiter financièrement le pays hôte de son passage. Il choisit *de facto* un hébergement dans des hôtels qui ne font pas partie de groupes étrangers et évite les restaurants des grandes chaînes. Il utilise les transports en commun des compagnies locales pour ses déplacements.

Carlo est plus radical. Il effectue ses voyages à vélo. Comme ces aventuriers modernes que l'on voit dans les reportages TV, il charge son vélo de sacs recouverts de sacs en plastique pour éviter la pluie et la boue. Mais Carlo, lui, comme tous les héros de cet ouvrage, est un garçon à la mise étudiée. Il veut bien effectuer un voyage zéro carbone à condition d'être élégant.

Fort heureusement pour lui, marché oblige, un nombre non dédaignable de marques propose des sacs, des vélos et leurs accessoires avec une grande cohérence de style. Il n'est pas rare que, en plus de l'élégance promise, le produit soit éco-responsable. C'est alors la tête haute que les stakhanovistes du style éthique partent pour l'aventure.

GREG & CARLO

Le **Roader**

#surlaroute #fosterhunting

Zones de notoriété

Chris, 72 000 abonnés sur Instagram, est sur la route depuis plus de deux ans. Il a acheté un camping-car Volkswagen T3 et s'est assuré un bon ficelage média – grâce à son blog et à son compte Instagram – et des partenariats avec des marques afin de financer son expédition.

À l'instar du style de vie d'un Foster Huntington, dont il s'est inspiré fiévreusement à ses débuts, il partage avec une communauté d'aventuriers une vie bohème.

Grâce à un retardateur, Chris se photographie régulièrement devant son véhicule, lequel est mis en diverses situations. Aujourd'hui, situation de jour de lessive. Il a des sujets plus glamour, mais celui-ci a l'avantage de plonger l'internaute dans un contexte « réaliste ». Le lieu : un bord de mer désert, du vent, du soleil… Nombre de *likes* : 8 542. Nombre de commentaires : 27.

Lorsqu'il retrouve d'autres voyageurs, amis de vieille date ou nouvelles rencontres, c'est l'occasion de déjeuners autour d'un feu de camp, de baignades près d'une cascade… Et de se prendre en photo… Et de faire rêver les 72 000 suiveurs.

CHRIS

Génération *Outdoor*

#newoutdoor #creativeculture

Zones de notoriété

Le goût pour les grands espaces et les randonnées n'est pas nouveau. D'ailleurs, cette génération s'appelle plus précisément « la nouvelle génération* outdoor *».

C'est un courant fort, planétaire (d'où son nom en anglais), héritage de l'esprit des randonneurs et qui, à l'orée des années 2000, s'est transformé en style de vie. Mais à la différence de ses aînés, là où le randonneur faisait chou blanc dans les rédactions des magazines de mode, le nouveau randonneur a du style.

Car le style est bien la cerise sur un gâteau qu'on n'attendait pas chez les amateurs de camping sauvage. De la couverture navajo reconvertie en plaid élégant à la pagaie travaillée à la main et délicieusement peinte dans un style amérindien, l'esprit du Far West américain est une de ses facettes les plus saillantes.

Ces aventuriers, las des productions de matériel sans goût, ont commencé à dessiner le design de leurs sacs, couteaux, gourdes, anoraks, tentes, pagaies, hamacs et sacs de couchage. Les montrant sur leurs blogs respectifs ou leurs réseaux sociaux, ils ont suscité l'envie. Les commercialiser fut alors une évidence. Les produits ont vite été remarqués par les acheteurs des boutiques branchées. Et en ville on a vu des porteurs de sacs Sandqvist.

Mais attention. Réduire ce mouvement au seul style serait une faute impardonnable. Plus que l'esthétique, c'est la qualité « durable » du produit qui est au principe de cette aventure. « Marre des produits *cheap* sur lesquels on ne peut pas compter » pourrait être leur devise. C'est le désir d'avoir un couteau « qui tienne la route » sur le long terme qui a poussé ces nouveaux aventuriers à devenir entrepreneurs et stylistes.

La publication du désormais magazine culte *Another Escape* contribua à donner ses lettres

de noblesse au mouvement autoproclamé *outdoor lifestyle/creative culture/sustainable living*, ainsi que, en 2014, la sortie remarquée du livre *The Outsiders* aux éditions Gestalten.

L'ouvrage a été adoubé par les instances de la mode lorsqu'on l'a vu, l'été 2015, dans la « déco » d'une vitrine d'un magasin COS en compagnie d'une série de shorts kaki et de claquettes stylées.

L'**équipement** *des gens Outdoor*

De Instagram à Facebook, les nouveaux aventuriers excellent dans l'art de montrer un art de vivre séduisant.

❶ Le gentleman au look de bûcheron. Sa chemise à carreaux, basique du style *hipster*, n'étonne plus. C'est le port crâneur d'une hache véritablement utile qui épate.

❷ La fameuse couverture navajo. Elle a toujours été la bienvenue chez les gens stylés. Ici, son tissage traditionnel et éthique est cohérent avec la philosophie « outdoor ».

❸ Le sac de couchage stylé. Traîner dans son sac de couchage et se prendre en *selfie* : un genre générateur de *likes* sur Instagram.

❹ La pagaie de canoë Norquay faite à la main. L'art du camping canadien est des plus raffinés.

❶

2

3

4

Le *Packing* STAR

#packing

Zones de notoriété

Lars, 26 ans, est un blogueur lifestyle *norvégien. Il montre sur son blog des photos de ses randonnées et séjours de plusieurs mois dans divers pays.*

Le blog comprend également des vidéos où il interviewe des *roaders*, ainsi que des conseils pratiques et avisés. Celui du jour a un genre intéressant : c'est une photo d'une partie du paquetage qu'il compte emporter pour un voyage imminent, un grand tour à vélo dans le parc national de Crater Lake dans l'Oregon. Notez la façon dont Lars prend ses photos. Les gens n'imaginent pas à quel point tenir un blog est un sacerdoce.

Assez proche des « essentiels de week-end » des blogueuses mode, l'exercice du *packing*, nettement plus masculin, ne met pas en valeur un choix stylistique mais détaille plutôt les objets et les vêtements indispensables pour une randonnée. Ce type de photos a longtemps eu comme vocation le partage de conseils.

Repéré par les stylistes, ce genre de mise en scène peut désormais se retrouver en décor de vitrine d'un grand magasin, d'une boutique ou sur le site d'une marque de bagages en vue.

Mise en abyme : pour prendre en photo son propre appareil photo et son téléphone portable, Lars utilise un deuxième téléphone, moins photogénique.

LARS

L'art DU PACKING

Gros plan sur l'image que le lecteur du blog de Lars peut voir :

1-2-3

On reconnaît un casque de vélo stylé, un chargeur solaire de Smartphone également stylé, et un ordinateur portable, indispensable pour gérer le blog dont les revenus d'une régie pub financent le voyage.

4

La carte routière du site vaut le détour. C'est elle qui a provoqué l'envie de faire ce voyage. Lars l'a trouvée dans une brocante à Oslo. Elle date de 1956. Comparer le site d'aujourd'hui à celui de 1956, c'est le sujet du voyage et d'une grande partie des billets qui seront publiés sur le blog.

5

L'internaute branché *hipster* peut remarquer le sac à dos Topo Designs, *made in Colorado*.

6

L'internaute randonneur peut quant à lui noter la marque de la gourde au filtre à eau.

1
2
NORGE NOREG
PASS
3
4
CRATER LAKE
Oregon
ACCESSIBLE ALL YEAR
5
6

Le **Garagiste** *glamour*

#caferacerstyle #trendyguyswithcaferacers #bikerstyleathome

Zones de notoriété

Dario est préparateur de motos, et grâce aux réseaux sociaux et au retour du style motard sur la scène branchée, il figure parmi les mecs au look qui compte. Il s'était affiché avec nonchalance en 2007 dans les blogs pointus, qui le montraient dans son salon, où trônent des motos et des casques.

L'appellation bourgeoise de « salon » est un peu exagérée en ce qui le concerne. Il s'agit plus d'un ancien garage milanais des années 1970, sans charme, dont on a gardé l'éclairage au néon mais où un canapé Chesterfield en cuir patiné et des chaises de bureau défoncées ont été ajoutés.

Les moments forts du reportage sont la photo de l'espace cuisine qui comporte une étagère de bidons d'huile Castro, un Café Racer qui jouxte un lit aux draps défaits, et surtout le garage. Séparée du living par les vieilles portes d'atelier d'origine, sa collection de motos et de vélomoteurs est visible de n'importe quel coin du loft. Il ne s'agit pas là d'un décor de boutique de jeans mais bel et bien d'une façon de vivre où boulot et dodo sont étroitement mêlés.

Il n'est pas le seul à vivre ainsi. Dario, c'est l'arbre qui cache la forêt. Une forêt composée de beaux mecs hyper-stylés sur des motos customisées façon *vintage*. Cet art de vivre hédoniste et viril, héritier de la contre-culture *cafe racer* originaire d'Angleterre dans les années 1940, est réapparu presque simultanément en différents coins du globe. Portés par les pionniers du genre, Wrenchmonkees, Deus Ex Machina et El Solitario, le goût pour la mécanique et l'esprit *custom* sont entrés par la grande porte dans le milieu de la mode et de la décoration *.

** Les bikers diraient plutôt : « Le goût de la mécanique est récupéré par le milieu de la mode et de la décoration. »*

DARIO

La déco DU GARAGISTE GLAMOUR

❶ *Strapontins d'une salle d'attente d'hôpital trouvés sur eBay.*

❷ *Réservoirs de motos gardés en souvenir et accrochés aux murs comme des trophées de chasse.*

❸ *Bidons divers d'huiles de moteur. Attention : ce ne sont pas des «trucs* vintage *pour se donner un genre». Ils servent réellement et sont casés dans la cuisine par manque de place.*

❹ *T-shirt «des potes» accroché au mur.*

❺ *Chauffeuse* Togo *trouvée sur eBay.*

❻ *Lampe d'atelier de mécanique transportée au «salon».*

❼ *Honda CB 750 customisée par Wrenchmonkees, les spécialistes danois du* custom *moto. Un bijou pieusement stationné près du lit.*

2

1

3

Esso
MOTOR OIL
Castrol
XL

4

EL SOLITARIO
MAKING FRIENDS
SINCE+2010

5

6

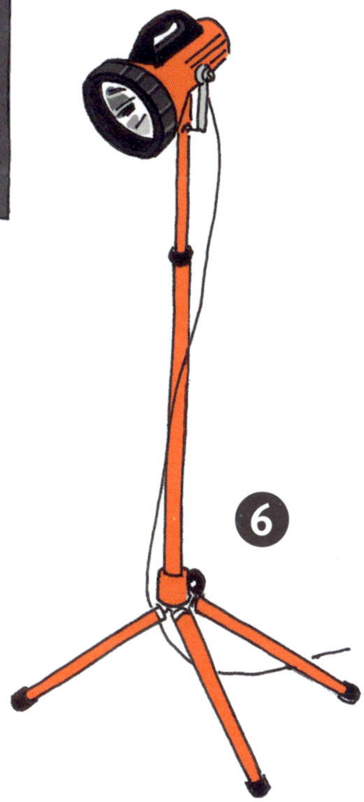

7

Wenchmonkees

SYLVIA
& TOM

Le *Fermier* BIO ET SURFEUR

#organicfarmandsurf

Zones de notoriété

Ce couple possède un taux maximum de coolitude et de glamour réunis. Les voici dans leur maison de la côte sud de l'Australie, à une vingtaine de kilomètres du spot de surf de Bells Beach.

Sylvia et Tom tiennent à un style de vie hédoniste à tendance communautaire. Ils cultivent quelques arpents de terre pour une production maraîchère biologique qu'ils revendent à une coopérative collaborative. Lorsque le temps est mauvais mais les vagues belles, ils surfent.

Cette philosophie les a poussés à alimenter un blog dont les photos sont prises par Tom. Car les entrées d'argent étant aléatoires, un partenariat opportun avec une marque de vêtements de surf les aide grandement. Les clichés de Tom, à la manière d'un Bruce Weber, les montrent planche sous le bras, les cheveux mêlés de vent et de sable, faisant la fête la nuit, feux de camp sur la plage et bouteilles de bière à la main, ou bien poussant une brouette, « lookés comme une pub pour Gap ».

Taux d'intensité glamour : 99 %.

Culture **SURFEUR**

#surfculture #surfracksforcafe #surfracksforbikes

Zones de notoriété

Incarnation du cool, l'image du surf est récurrente dans l'univers de la mode. Cependant, on observe depuis quelques années la montée d'un engouement qui déborde nettement des pages mode des magazines et du champ purement sportif.

La nouveauté, c'est le remplacement progressif du combi Volkswagen par la moto avec porte surf (*surf rack* pour les connaisseurs).

AUSTRALIE

FRANCE HAWAII BRÉSIL

Le **Nomadisme** *urbain*

#nomade&geek

Zones de notoriété

Brit et Daniel sont également bien placés dans la liste des gens qui font rêver. Ils ont décidé un jour de quitter leur ville natale de l'Oregon et d'aller vivre de ville en ville pour des séjours de trois ou quatre ans dans chaque ville.

Brit et Daniel, illustrateurs et graphistes, ont quitté leur travail sédentaire pour devenir free-lance et « blogueurs à message », avec un blog illustré à quatre mains gentiment polémique et politique. Grâce soit rendue au web qui leur permet de travailler à distance à partir de n'importe quel coin du globe.

Ne louant que des appartements meublés, ils n'emportent que leurs ordinateurs, trois valises de vêtements et quelques objets personnels.

Ainsi, depuis huit ans, ils se sont posés successivement à Édimbourg, à Barcelone et aujourd'hui à Berlin. Ils totalisent cinq reportages sur eux dans *Kinfolk*, *Monocle*, *The Guardian*, les suppléments « style* » du *Corriere della Sera* et de *Libération*.

Taux de coolitude enviée : 92 %.

*** Les suppléments « style » des quotidiens : raillés par le lectorat sérieux et les puristes du journalisme qui les jugent voués au consumérisme, les suppléments « style » des grands quotidiens sont lus avec avidité par les créatifs en tous genres et se révèlent parfois plus pointus que leurs cousins, les magazines hebdomadaires de culture et mode.**

BRIT &
DANIEL

ALEXANDRA

L'**Appartement** *star*

#airbnb #decoaddicts

Zones de notoriété

Alexandra est l'heureuse propriétaire d'un trois-pièces dans une grande ville européenne. Elle le propose à la location par le biais des sites de partage et de locations saisonnières d'un genre nouveau : offrir un hébergement cool et stylé à des gens cool et stylés.

En exposant son appartement sur un site branché, Alexandra assouvit un goût pour la décoration et comble la frustration de n'avoir pas pu en faire son métier. Elle repasse les draps et brique les robinets cérémonieusement. (Elle ne ferait pas le quart pour recevoir ses parents.)

Les commentaires élogieux des internautes, les « oh ! » et les « ah ! » d'admiration des voyageurs ainsi que les photos valorisantes de son nid lui procurent (en plus d'un supplément pécuniaire) un sentiment diffus de vanité.

La déco DE L'APPARTEMENT STAR

Cet intérieur n'est pas issu d'un reportage de la presse déco. C'est le trois-pièces d'Alexandra.

Fini les locations dans des appartements meublés sans soin et à l'équipement sommaire. Ceux qui sont soucieux d'avoir à tout instant un environnement qui leur ressemble ou dont ils rêvent ronronnent de plaisir à la perspective de passer trois jours à Paris dans un loft avec vue sur le Sacré-Cœur comme « chez un pote ». Ils salivent devant les photos où abondent chaises Eames et fauteuils Poul Kjaerholm. Des vrais ? Des copies ? Peu importe. Seuls comptent le look général et « la sensation d'être à la maison » que propose l'internaute propriétaire.

L'INTERNAUTE QUI S'AVENTURE POUR LA PREMIÈRE FOIS SUR LE SITE PEUT REMARQUER QU'UN GENRE DÉCORATIF DOMINE, CELUI DE LA DÉCORATION DITE « SCANDINAVE », SYMBOLE DE LA SOBRIÉTÉ FONCTIONNELLE MAIS ÉLÉGANTE. MURS BLANCS, PARQUETS CLAIRS ET BRILLANTS, ENFILADE SCANDINAVE DES ANNÉES 1960 SUPPORTANT PHOTOS ET POSTERS, BOUGEOIRS SCANDINAVES OU CHAÎNE STÉRÉO *VINTAGE* ❶, LUMINAIRES DE POUL HENNINGSEN ❷, INÉVITABLE FAUTEUIL *CYGNE* D'ARNE JACOBSEN ❸ ET BIEN SÛR CUISINE, PLACARDS ET CANAPÉ IKEA ❹... CE STYLE QUI S'ÉTAIT LENTEMENT DÉMODÉ AU DÉBUT DES ANNÉES 1980 REVIT UN NOUVEL ÂGE D'OR. IL RASSURE LE VOYAGEUR, QU'IL VIENNE DE SEATTLE, D'OSLO, DE DURBAN OU DE SINGAPOUR, QUI VOIT IMMÉDIATEMENT EN LUI UN STYLE URBAIN MODERNE ET CHIC.

On notera que son cousin italien, le *modernariato*, préfère, lui, vivre un *revival* discret dans les milieux feutrés des avant-gardistes de la mode et du design.

1
2
3
4
Poul
SANTIAGO

SCANDINAVIAN

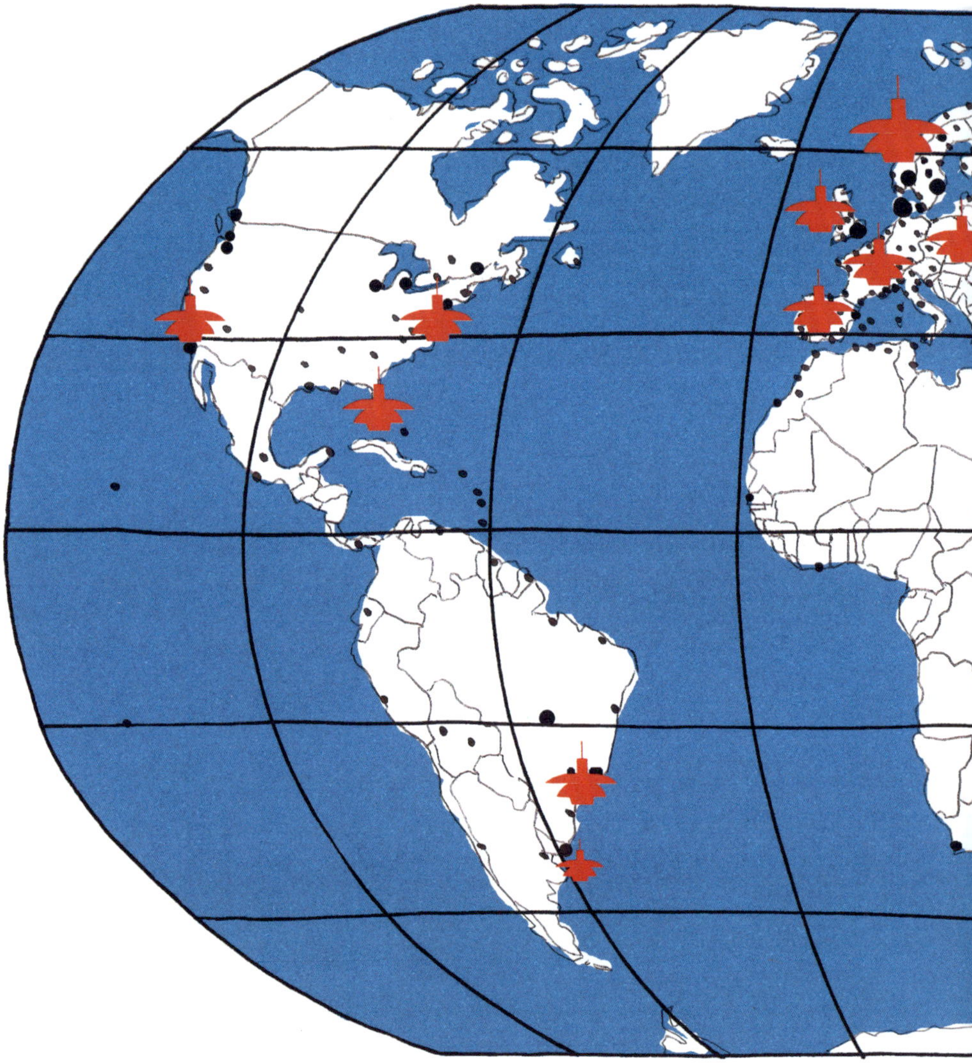

Forte concentration urbaine de loyers, d'hôtels et de boutiques à la déco scandinave ainsi que de points de vente, vintage *ou récents.*

TYLE WORLD WIDE

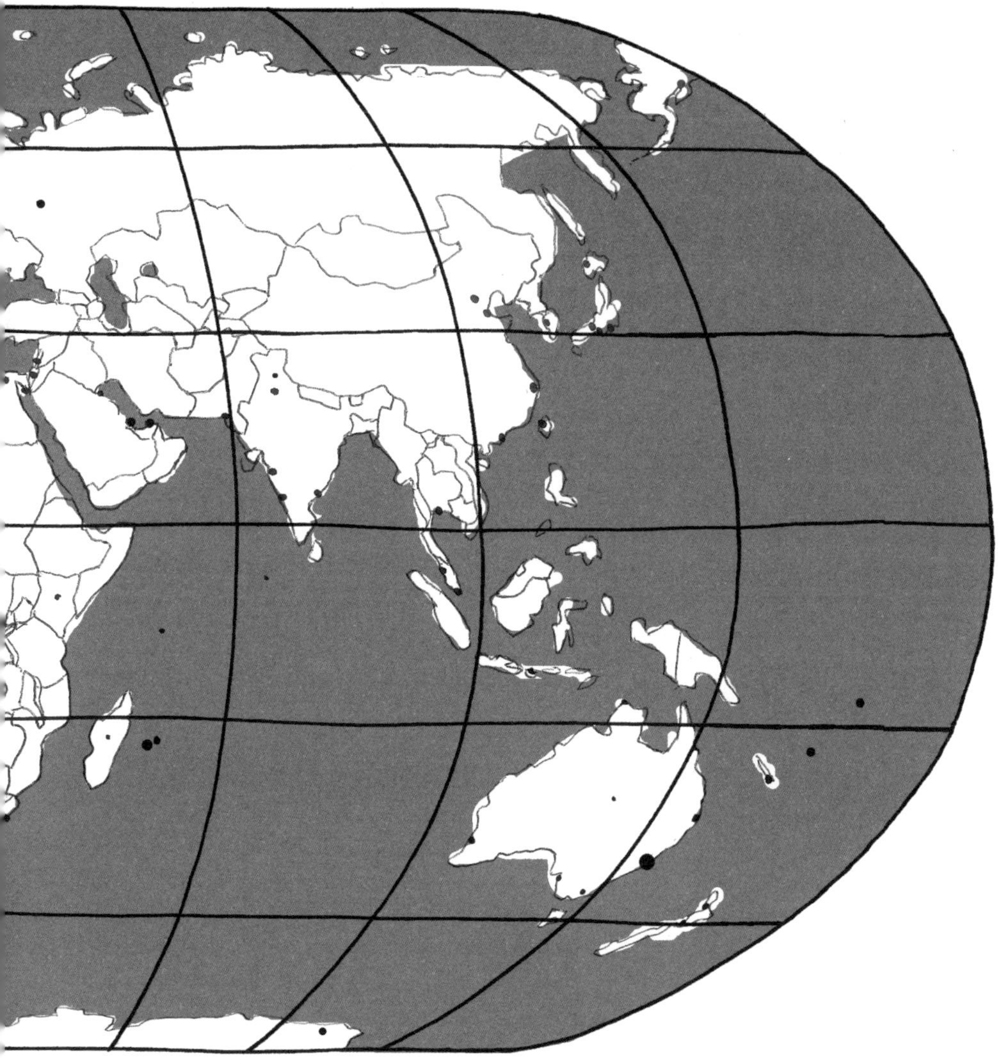

Lieux où l'on peut trouver du mobilier scandinave.
● *Même sous la forme d'un tabouret Ikea dans une station météo de l'Antarctique.*

WAËL,
JANEROSA,
SARTAJ SINGH
& ELAHEH

Les **Diasporas** *branchées*

#walisahluwalia #brownbook

Zones de notoriété

De gauche à droite : Waël, consultant et producteur d'événements mode, Janerosa, assistante d'une importante galerie d'art contemporain, Sartaj Singh, antiquaire et consultant au V&A, et enfin Elaheh, chargée de mécénat auprès d'un gros groupe pétrolier.

Ces personnes ont toutes un point commun : elles ont du style. Un style notable mêlant cosmopolitisme, nostalgie et lignage. Il commença à apparaître çà et là dans les milieux branchés : tel créateur new-yorkais d'origine turque portant crânement toque en astrakan à la Mustafa Kemal, tel architecte britannique d'origine sikh portant un *dastar** orange assorti à la couleur de son cabriolet, telle designer d'origine iranienne portant un foulard islamique du même rose bonbon que ses sandales Louboutin et son rouge à lèvres.

Parfois originaires de pays malmenés par l'Histoire, ces femmes et ces hommes lettrés, et dont le recueillement devant la beauté des choses qui nous environnent est une philosophie, voient dans LE style la pirouette pour concilier « l'agréable » et la contrainte familiale ou identitaire. Dans le cas heureux où il n'y a pas de contrainte, les esprits matérialistes y verront un exercice de style exotique, et les esprits les plus tendres ne manqueront pas d'y déceler un indéfectible lien sentimental.

N.B. : Le style « diaspora branchée » sous l'angle du panarabisme a un chantre élégant et cultivé : le magazine *Brownbook*, guide urbain du Moyen-Orient.

*** Un *dastar* est un turban sikh. On découvrit son potentiel mode grâce à Walis Ahluwalia, dandy, acteur et designer de bijoux.**

Le *Vide*-DRESSING

#poshdressing

Zones de notoriété

Michelle pose pour son site de vide-dressing en robe Azzedine Alaïa. Elle a créé son entreprise avec deux amies, comme elle consommatrices compulsives, l'idée générale du site marchand étant de mettre en valeur la personnalité de la « vendeuse » en la photographiant chez elle dans une mise en scène triomphale, avec les vêtements qu'elle propose à la vente.

Le site de Michelle attire un nombre constant de femmes d'affaires, avocates, rédactrices de mode... qui, dans le but de purger leurs armoires, ne dédaignent pas de devenir *cover-girl* d'un jour et bénéficient, au passage, de la fameuse « visibilité » que chaque entrepreneur ne peut manquer d'avoir désormais sur le net. Michelle habite Singapour et compte bien devenir une personnalité incontournable du Sud-Est asiatique, et plus « si tout se passe comme prévu ».

En attendant, elle pose dans son dressing de 48 mètres carrés. Un mobilier fonctionnel en mélaminé blanc met en valeur vêtements, sacs et chaussures. La touche perso et *arty*, ce sont les différents tableaux qui rythment le peu d'espace mural libre de portants et d'étagères. Carré Hermès *Brides de Gala* en édition limitée mis sous verre avec révérence, dessins de ses enfants encadrés et même quelques crayonnés de portraitistes mondains.

Michelle est apparue à trois reprises en *guest star* sur son propre site. La série « High Summer » au bord de sa piscine bordée d'une pelouse impeccable et de sculptures du Studio Lump de Melbourne a « cartonné ».

MICHELLE

Références

Afin de montrer les personnages de cet ouvrage dans un contexte proche de la réalité, les vêtements et les éléments des décors dans la majorité des images existent bel et bien. Ils ne sont pas utilisés pour enjoliver un dessin mais correspondent à un environnement socioculturel précis. En aucun cas, il n'est question ici de partenariat. Aucune marque citée ou montrée ne m'a payée pour que je parle d'elle. Celles qui ne sont pas citées dans les textes sont répertoriées dans la liste suivante.

LE CAFETIER COOL
Tadeusz porte des *sneakers Clyde* de Puma.

LA BIO-AVENTURIÈRE MALGRÉ ELLE
Marinière *Lesconil*, d'Armor Lux. Bottes *Chantebelle*, de Aigle.

LA BIO-AVENTURIÈRE ASSUMÉE, ET SA DÉCO
Nelson Bench, de George Nelson, 1946 (Vitra). Dans le lointain, un fauteuil *AA*, des designers Jorge Ferrari Hardoy, Juan Kurchan et Antonio Bonnet (Éditions Airborne).

LE DANDY YOUTUBEUR
L'huile pour la barbe existe. Il s'agit de l'huile Burroughs de Prospector Co. dont le design élégant et quelque peu désuet est parfait pour un dandy exigeant.

LE BUSINESSMAN DE L'ÉTHIQUE
Bertoia Side Chair, de Harry Bertoia, 1952 (Knoll). © ADAGP. Produits cosmétiques de Clinique et Aesop.

LE TOURISME ÉRUDIT
Wallpaper City Guide, Phaidon. *City Guides*, Louis Vuitton.

L'HÔTELIER PHILANTHROPE
Bartholomeus porte une casquette Burel et des *sneakers Cons Star Player* de Converse.
À l'hôtel : *Tulip Stool*, d'Eero Saarinen, 1957 (Knoll).

L'AGENT IMMOBILIER CIBLÉ
Wire Chair DKR et *Plastic Armchair DAX*, de Charles et Ray Eames, 1951 (Vitra).

LA BLOGUEUSE « GIRL NEXT DOOR »
Sylvia porte du H&M et du Zara, avec pour accessoires un sac de Céline Lefébure, des *Stan Smith* d'Adidas et des lunettes solaires *Wayfarer* de Ray-Ban.

LA BLOGUEUSE DE MODE DE LUXE
Liza porte un sac *Birkin* de Hermès, des lunettes solaires *Dior so real* de Dior, un sac *2.55* de Chanel et un sac *Classic* de Céline.

LA MAMAN BLOGUEUSE
Mary porte des baskets *Taua* de Veja (2007) et un gilet en fourrure de Laurence Doligé (collection automne-hiver 2013). Sa fille porte un tee-shirt La Redoute (collection automne-hiver 2013) et des sandales *Arizona* de Birkenstock. Tabouret *Benjamin*, de Ikea, aujourd'hui *collector*.

LA BLOGUEUSE *FASHION ARTY*
Le papier peint, la chemise et le lampadaire sont tous issus de la ligne « Palmeral » de la maison House of Hackney.

L'ENTREPRENEUSE STYLÉE
Dessin sur papier du sculpteur Paul de Pignol intitulé *Figure 2011*. Fauteuil piètement aluminium *EA 117* de Charles et Ray Eames, 1958 (Vitra).

LA RÉDAC DE MODE
Helen porte des bottes *Column Ring* de la maison Loewe (collection automne-hiver 2015). Luminaire *AIM* de Ronan et Erwan Bouroullec, 2013 (Flos).

Lounge chair et *ottoman* de Charles et Ray Eames, 1956 (Vitra). Sur la table basse, bougie parfumée *The Billard-Room of Jean-Jacques*, de Lola James Harper. *Irreverent*, Carine Roitfeld (Rizzoli, 2011). Sculpture *Figure debout*, de Paul de Pignol, 1989.

Toutes les mises en scène du dressing sont inspirées par le site The Coveteur (www.thecoveteur.com). Escarpin à fourrure et anguille, de Gucci (collection automne-hiver 2015). Lunettes solaires Loewe (collection automne-hiver 2015). Jupe Louis Vuitton, par Nicolas Ghesquière (collection automne-hiver 2014). Luminaires *Copper bronze*, de Tom Dixon. Produits cosmétiques Rodin et Sisley.
Livres de la pyramide : *It*, Alexa Chung (Penguin Books, 2013) ; *Men/Women*, Herb Ritts (Twin Palms Publisher, 1989) ; *Body Works*, Issey Miyake (Shogakukan, 1983) ; *Tomboy Style*, Lizzie Garrett Mettler (Rizzoli, 2012) ; *Louis Vuitton*, Paul-Gerard Pasols et Pierre Leonforte (Abrams, 2004) ; *Le Coup de Tanger*, Jean-Charles Blais, (Yvon Lambert, 1989) ; *Tom Ford*, Tom Ford (Rizzoli, 2008).
Dans la bibliothèque : *Stylists*, Katie Baron (Laurence King Publishing, 2012) ; *Works*, Ian Schrager (Rizzoli) ; *New York*, Kanji Ishii, (Assouline, 2006) ; *Yves Saint Laurent*, David Teboul (La Martinière, 2002) ; *Gay Men Don't Get Fat*, Simon Doonan (Penguin, 2012) ; *Jacques Grange : Interiors*, Pierre Passebon (Flammarion, 2009) ; *Commune Designed in California* (Abrams, 2014) ; *Take Ivy*, T. Hayashida (Powerhouse Books, 2010) ; *Beaton, the Art of Scrapbook*, James Danziger (Assouline, 2010) ; *The Power of Style*, Annette Tapert et Diana Edkins (Aurum, 1995) ; *Paul Smith Notes*, Olivier Wicker (La Martinière, 2011).

LE SNEAKER CULTE
Collaboration de Raf Simons x Adidas (collection printemps-été 2016).

LE RAPPEUR *ARTY*
Ben porte un sweatshirt The Pool Aoyama (the-pool-aoyama.com). *Plastic Orgone Chair*, de Marc Newson, 1998. Livres : *Hadid*, Philip Jodidio (Taschen, 2013) ; *Hiroshi Fujiwara: Fragment*, Sarah Lerfel (Rizzoli, 2014). Tabouret *Tulip stool*, d'Eero Saarinen, 1957 (Knoll). Baskets Nike *Air Mag*. Baskets Nike *Air Yeezy 2*, de Kanye West.

LA GALERISTE MINIMALISTE
Serjane porte des sandales de Rupert Sanderson.

LA GALERISTE TELLEMENT *FASHION*
Edmonde porte des boots Balenciaga, époque Ghesquière. *Dehiscence 2005*, dessin sur papier marouflé sur toile, de Paul de Pignol.

LA *VINTAGE ADDICT*
Graphic Print Pillows, *Love*, d'Alexander Girard, 1961 (Vitra). *Side Table 16"*, d'Eero Saarinen, 1957 (Knoll).

LE *VINTAGE ADDICT*
Runner *vintage* Nike et chaussures de football *vintage*. Sur Simon, *Dragon* de Adidas rééditées.

LA FILLE HABITÉE PAR LE STYLE
Susan porte une merveilleuse jupe de Christophe Lemaire, ainsi qu'un sac de Jonathan William Anderson, lauréat des British Fashion Awards 2015.

LA FILLE QUI SE LA PÈTE ET QUI ASSUME
Abigail porte un manteau culte de la marque Comme Des Garçons et le sac *Jane Color Block*, de Pierre Hardy, des valeurs sûres.

LA FILLE QUI SE LA PÈTE ET QUI L'IGNORE
Francine porte des chaussures Boden (collection printemps-été 2014).

LA DÉCO DE LA DIVA Rn'B
Installation lumineuse de Martial Raysse (École de Nice, années 1960),© ADAGP. Luminaires *Beat* et service à thé *Form*, de Tom Dixon. Fauteuil *Karuselli*, de Yrjö Kukkapuro, 1964-1965 (Artek). Vases *Savoy*, d'Alvar Aalto, 1936.

LES FILLES AUX JAMBES LOUIS XV
Sac *Trapèze*, de Céline.

LE SENIOR GLAMOUR
C'est l'excellent site The Selby qui m'a inspiré cette histoire. www.theselby.com
Fauteuil *2207*, de Borge Mogensen, 1963 (Fredericia Furniture). Étagère *606 Universal Shelving System*, de Dieter Rams (Vitsoe). Chaise de bistrot *N° 14* (Thonet). Tabouret *H22*, de Mart Stam, 1924.

LA SENIOR *ARTY*
Vêtements inspirés de ceux de Yohji Yamamoto. Chaise inspirée de la *B5*, de Marcel Breuer, 1926-1927.

LA SENIOR ITALIENNE
Monica porte également un carré Hermès *Brides de Gala* et une chemise Oviesse.

LE SENIOR MANNEQUIN
Inge porte une pochette *Flat Clutch* de Clare V. et des New Balance *574*.

LES BARBUS
Lunettes solaires *Folding 714*, de Persol. Lunettes solaires *Wayfarer*, de Ray Ban.

LE STYLISTE TATOUÉ
Sac *O'Hare*, de Want Les Essentiels De La Vie.

LE SERVEUR TATOUÉ
David arbore un tablier *De Luxe Apron*, de Stanley & Sons.

LE *GEEK* CORPULENT
Patrick porte des *sneakers Gel*, de Asics.

LES HOMMES CORPULENTS
The Sartorialist, Scott Schuman (Penguin Books, 2009). Sur le Parisien, chaussures *Wallabee* de Clarks et magazine *Le 1*.

LE STYLISTE CORPULENT
Jim porte des mocassins *Rollerboy Spikes*, de Christian Louboutin.

LA BLOGUEUSE + *SIZE*
Le sac *Cover* est signé Isaac Reina.

LA GRAPHISTE + *SIZE*
Louise porte un t-shirt emblématique de la Maison Kitsuné.

NAIL ART
Vernis OPI, coloris Blue My Mind.

LES INSTAGRAMEUSES HEALTHY
Tina porte une casquette de Supreme.

LA FAMILLE MODÈLE
Lampe *Taccia*, d'Achille et Pier Giacomo Castiglioni, 1962 (Flos). *Coffee table 42'' Oval*, d'Eero Saarinen, 1957 (Knoll). Bougie parfumée *Baies*, de Dyptique. C'est l'ébouriffant site The Socialite Family qui m'a inspirée. www.thesocialitefamily.com

LA FILLE DE...
Tissu du fauteuil inspiré par la ligne « Tarovine » de House of Hackney.

LA FEMME DE...
Amber porte une pochette *Giant 12*, de Balenciaga.

LE DANDY ÉCO-RESPONSABLE
Arthur porte des souliers Heschung et une sacoche Le Sellier, deux autres marques (françaises) qui fabriquent localement.
Son vestiaire, ultimes précisions : Caban *made in London* en lainage bio des îles Hébrides intérieures, doublé d'un mérinos du Yorkshire et pourvu de boutons en corne des Midlands, de S.E.H. Kelly. Jean *SkinR*, de Hiut. Chemise *Benton*, de Bruce Fields. Sac *Polochon 2*, de la Maison Charoussas. Cf. p. 109 et 121 de *Vivre made in France*, Céline Vautard (Éditions du Chêne, 2015).

LE TOURISTE ÉCO-RESPONSABLE
Le sac posé par terre à coté du vélo est un sac Freitag, marque suisse innovante qui récupère des vieilles bâches de camions pour en faire des sacs solides et éco-responsables.

GÉNÉRATION *OUTDOOR*
The Outsiders, New Outdoor Creativity (Gestalten, 2014) est l'ouvrage culte qui m'a inspirée : on trouve la pagaie Norquay en page 230.

L'ART DU *PACKING*
Sac *Klettersack 22 L*, Topo Designs, Colorado, USA.

LE GARAGISTE GLAMOUR
T-shirt de El Solitario. Chauffeuse culte *Togo*, de Michel Ducaroy pour édition Ligne Roset. *Monkee #11 Gorilla Punch* (Honda CB 750 customisée par Wrenchmonkees).

CULTURE SURFEUR
Surfrack, de Deus Ex Machina. Planche de surf Chanel.

LE NOMADISME URBAIN
Daniel a un sac *Eddy* de Sandqvist comme tout *hipster* qui se respecte. Brit porte une robe Thom Dolan, un sac Valérie Salacroux, des sandales Swedish Hasbeens et une valisette *vintage*.

L'APPARTEMENT STAR
Suspensions *PH 5* de Poul Henningsen, 1958 (Louis Poulsen). *Swan Chair* d'Arne Jacobsen, 1958 (Fritz Hansen). Canapé et *Foot Stool* de Ikea. Sur la table, le magazine italien *Domus*.

LES DIASPORAS BRANCHÉES
Waël porte des baskets Pierre Hardy. Janerosa porte le sac *Twisted,* de Céline. Elaheh porte un châle Gereh Gallery découvert grâce à l'excellent blog The Tehran Times.
www.thetehrantimes.tumblr.com

Merci

à **Anne Serroy** qui m'a accordé toute sa confiance,
à **Anne-Laure Cognet**, mon guide dans cette aventure,
à **Séverine Morizet** qui à partir de mes textes et dessins a créé ce bel écrin et a accepté tous les changements de dernière minute sans jamais protester,
à **Coralie Jugan**,
à **Frédéric**, mon précieux et infatigable soutien, qui a posé patiemment pour donner vie à la plupart des beaux mecs de cet ouvrage,
à **Antoine et Clément**, mes fils, qui ont posé également de bonne grâce et ont validé la partie *sneakers* et barbes,
à **Marie-Dominique Tabard** et **Sarah Jollien-Fardel**, mes fidèles complices,
à **Paul de Pignol**,
à **Jean-François Moisson**,
et à **mon lectorat**, blogueur ou non, qui, grâce à ses commentaires bienveillants et affûtés, m'a encouragée à continuer d'écrire ces histoires de filles et de garçons stylés.

Conception et réalisation graphiques : Séverine Morizet
Relecture et correction : Colette Malandain

ISBN 978-2-7324-7022-1
Dépôt légal : mars 2016
Photogravure : APS CHROMOSTYLE
Achevé d'imprimer en février 2016 sur les presses de Graphycems en Espagne